CB020625

Donny Deutsch
com Catherine Whitney

A GRANDE IDEIA

Monte seu próprio negócio, conquiste sua liberdade, seja um vencedor

Tradução
Gabriel Zide Neto

Revisão técnica
Mario Pina

best.
business

CIP-BRASIL. CATALOGAÇÃO-NA-FONTE
SINDICATO NACIONAL DOS EDITORES DE LIVROS, RJ.

Deutsch, Donny

D497g   A grande ideia: Monte seu próprio negócio, conquiste sua liberdade, seja um vencedor/Donny Deutsch
com Catherine Whitney; tradução: Gabriel Zide Neto.
– Rio de Janeiro: Best*Seller*, 2010.

Tradução de: The Big Idea
ISBN 978-85-7684-216-3

1. Empresas novas. 2. Empreendimentos. 3. Sucesso
nos negócios. I. Whitney, Catherine. II. Título.

09-5969   CDD: 658.11
CDU: 658.016.1

Texto revisado segundo o novo Acordo Ortográfico da Língua Portuguesa.

Título original norte-americano
The Big Idea
Copyright © 2009 by Donny Deutsch Publications, LLC
Copyright da tradução © 2009 by Editora Best Seller Ltda.

Originalmente publicado nos Estados Unidos e no Canadá pela Hyperion,
sob o título *The Big Idea*.
Publicado mediante acordo com Hyperion.

Capa: Sérgio Carvalho
Editoração eletrônica: Abreu's System
Revisão técnica: Mario Pina

Todos os direitos reservados. Proibida a reprodução,
no todo ou em parte, sem autorização prévia por escrito da editora,
sejam quais forem os meios empregados.

Direitos exclusivos de publicação em língua portuguesa para o Brasil
adquiridos pela
EDITORA BEST BUSINESS um selo da EDITORA BEST SELLER LTDA.
Rua Argentina, 171, parte, São Cristóvão
Rio de Janeiro, RJ – 20921-380
que se reserva a propriedade literária desta tradução

Impresso no Brasil

ISBN 978-85-7684-216-3

Seja um leitor preferencial Record
Cadastre-se e receba informações sobre nossos lançamentos e nossas promoções.

Atendimento e venda direta ao leitor
mdireto@record.com.br ou (21) 2585-2002

Para minhas garotas,
Chelsey, London e Daisy

Sumário

Agradecimentos 13

PARTE 1: O QUE É A GRANDE IDEIA? 15

1. Chamando todos os sonhadores 17
   Quem sou eu para falar? 19
   A resposta é amor.. 24
   Escute àquela vozinha 28
   Um fato da vida 30
   Minha promessa para você 32

2. Não precisa ter experiência 35
   O que você não sabe não vai machucá-lo 36
   Todo mundo adora um coitadinho.. 38
   Finja até conseguir.. 40
   Do campo de batalha à mesa da diretoria.............................. 41
   Seu guardanapo da sorte... 42
   O mundo é sua sala de aula.. 45
   Regras do Donny: Sua equipe inteligente 46

3. Por que fazer com que outra pessoa enriqueça? 47
   A alma de um empreendedor 49
   Quando dizer "estou farto disso!" 52
   Regras do Donny: Control, Alt, Del 57

8 A GRANDE IDEIA

4. É amor, e não um trabalho 59
    Prenda a respiração e mergulhe 59
    A arte do tesão 60
    Vivendo em voz alta 63
    Da hora da brincadeira ao dia do pagamento 64
    O poder da nostalgia 66
    Regras do Donny: O salto do apaixonado 67

PARTE 2: NÃO EXISTEM GÊNIOS 69

5. Tem de haver um jeito melhor 71
    Sinta a necessidade 72
    Cinco passos para encontrar um jeito melhor 75
    Regras do Donny: Aquilo que salta aos olhos 86

6. Por que EU não pensei nisso? 87
    Um momento de iluminação 87
    Uma nova sacada 90
    Um mercado cativo 92
    Uma visão do futuro 93
    Sua ideia vai ganhar milhões? 95
    Regras do Donny: Foco, foco, foco 99

7. Saia da caixa 101
    As cinco qualidades de um inovador 102
    Regras do Donny: Inovação feita em casa 108

8. Mude o mundo com uma ideia simples 109
    Uma nação de bons samaritanos 112
    Uma empresa com *sola* e *alma* 113
    Regras do Donny: Abrace o mundo 114

PARTE 3: DIZER "NÃO" NÃO É UMA OPÇÃO 115

9. Por que NÃO eu? 117
    O exercício do merecimento 119
    O sucesso é democrático 122

Furando a fila 125
Quem... Eu? 126

10. A hora em que sua garra é testada 127
A virada dos meninos 130
Um teste de vida e morte 133
Seja destemido 135
Regras do Donny: Admita o frio que sentir na barriga 137

11. Disseram que eu nunca conseguiria 139
Segure o obituário 140
A melhor vingança é ganhar milhões 142
Quatro maneiras de transformar uma rejeição 144
Regras do Donny: As chamadas telefônicas 146

12. Salvo por uma grande ideia 147
Disparando lá do fundo 147
Comece com o que você já sabe 148
Suba pela escada rolante que desce 149
Regras do Donny: O poço sem fundo das possibilidades .. 151

13. Quem disse que é tarde demais? 153
Crise da meia-idade = oportunidade 154
Da riqueza à pobreza e de volta à riqueza 156
Qual é a história de *sua* segunda vida? 158
Regras do Donny: Arranque o espelho retrovisor 160

PARTE 4: CHEGANDO AO PRIMEIRO MILHÃO 163

14. Do zero aos milhões 165
Uma enxurrada a partir de US$200 165
Comece um negócio com US$500 167
Não vá somente pelo dinheiro 170
Quatro atalhos para os milhões 171
Regras do Donny: Entre no mercado, não tenha medo ... 175

15. Abastecido pelo poder da mamãe 177
As mães das invenções 177
Mães unidas 181

10 A GRANDE IDEIA

A mamãe milionária.. 182
Regras do Donny: A sabedoria da mesa da cozinha........................184

16. **Tudo em família**.. 185
Uma fórmula vencedora...................................... 187
Segredos ancestrais 188
Chefe, mentora, mãe.. 190
Primeiro a família, depois o resto do mundo................... 191
O novo modelo de empresa familiar........................ 193
Regras do Donny: Mostre seu orgulho....................... 194

17. **Do povo para o povo** 197
Qual é *sua* história? 199
Não é uma questão de roupa........................... 201
Vire uma marca 202
Construa sua rede.. 204
Em caso de dúvida, dê uma festa...................... 205
Regras do Donny: São as pessoas, estúpido.................. 207

PARTE 5: DERRUBANDO BARREIRAS............................. 209

18. **Dólares e bom-senso** 211
Quanto você quer? 212
O melhor dinheiro que uma grande ideia pode comprar 213
Regras do Donny: Tudo de graça 216

19. **O discurso perfeito**.................................... 217
A arte de se transformar numa marca...................... 219
Conquistando corações e mentes........................ 220
É com você! 221
Apresentando no elevador 224
QVC: A grande apresentação........................ 226
Regras do Donny: Nada é sagrado 228

20. **Faça uma feira ser mágica**.................................. 229
O caminho para a CES................................ 230
Leis da estrada 235
Regras do Donny: Concorrência? Que concorrência?........... 237

21. O milionário faminto 239

    A vantagem competitiva 240

    Cresceu, cresceu e foi-se! 242

    O fator oba-oba 246

    Regras do Donny: Não se esqueça de seu primeiro amor 247

Conclusão: Esta *é* a grande ideia 249

Apêndice A 251

Apêndice B 257

Apêndice C 265

Apêndice D 271

Índice Remissivo 273

Agradecimentos

Eu sempre disse que, se você quiser ter sucesso, cerque-se de gente que seja mais inteligente que você. Para mim, funcionou. As grandes ideias podem começar na cabeça das pessoas, mas elas só dão frutos quando pessoas apaixonadas, criativas e talentosas se juntam. Ninguém é bom em tudo. O sucesso é sempre um trabalho de cooperação.

Escrever este livro foi apenas mais um exemplo disso. Eu não o escrevi sozinho. Longe disso. A ideia de pegar a emoção do programa *The Big Idea* e transformar em livro foi uma visão do meu grande amigo e agente literário Wayne Kabak, um verdadeiro profissional, e resultado da astuciosa percepção do meu editor na Hyperion, Will Balliett, que viu a fórmula perfeita — a combinação especial de inspiração e conselhos práticos que faz com que este livro seja único em seu campo. Encontraram uma escritora, Catherine Whitney, com o talento e o entusiasmo para colocar minha filosofia, minhas histórias e minha voz nestas páginas. O resultado me dá orgulho, porque ele lhe oferece um modelo tático enquanto o leva a se perguntar "Por que NÃO eu?".

Eu devo um agradecimento especial a Stephanie Jones, minha empresária e diretora de comunicações, por tudo o que ela faz, todos os dias. Esperta, positiva e pronta para qualquer desafio, Stephanie ajudou a fazer este livro acontecer, mesmo enquanto se desdobrava em

14 A GRANDE IDEIA

vários outros papéis. Também devo todas as homenagens para Lisa, Jenna e Brittany, que ajudam a administrar meus dias com sabedoria, alma e amor.

Este livro não teria sido possível sem os esforços notáveis de toda a equipe da CNBC. Meu programa *The Big Idea* é um laboratório para o espírito empreendedor, e muitas das histórias inspiradoras deste livro foram descobertas para ele. Também fui abençoado com uma equipe de grandes especialistas em negócios, cujos conselhos aparecem no livro.

Vai daqui um grande grito para Mark Hoffman, o dinâmico líder da CNBC, cujo apoio, visão e paciência permitiram que *A grande ideia* encontrasse sua voz. Ele também se transformou em um grande amigo. Também devo muito à minha amiga, a brilhante Susan Krakower, que lançou o programa e sempre cuidou dele como uma leoa feroz. Eu a amo como uma irmã. Jonathan Wald sempre forneceu orientação e dicas inteligentes, além de sua amizade, e por isso eu lhe sou grato. Obrigado a Wilson Surratt por dois grandes anos como produtor executivo do *The Big Idea*. E um enorme muito obrigado a Mary Duffy, um ser humano incansável, maravilhoso e de uma inteligência aguda, a capitã diária do navio *The Big Idea*, a quem serei eternamente grato.

Meus colegas na Deutsch Inc. continuam a ser minha equipe mais confiável e a melhor em matéria de publicidade. A presidente da Deutsch Inc., Linda Sawyer, é a força que guia a minha vida. Sou profundamente grato à comunidade de empreendedores cujas vidas eu tive o privilégio de compartilhar. Sou o cara mais sortudo do mundo, porque todos os dias acordo para trabalhar e sou surpreendido, inspirado e motivado. E é um grande prazer dividir essas emoções com você.

Finalmente, agradeço à minha mãe e a meu pai, que sempre me incentivaram a correr atrás de meus sonhos, que me levantaram quando caí, e que mostraram através do exemplo o que significa viver uma vida cheia de dignidade e possibilidades num mundo maluco.

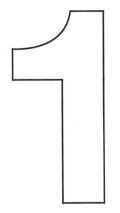

O que é a grande ideia?

CAPÍTULO 1

Chamando todos os sonhadores

- ✦ *Um carpinteiro se cansa de quase perder um dedo sempre que corta pão. Tchará! Bagel Guillotine.*
- ✦ *Uma dona de casa se sente frustrada porque sua despensa está cheia de comida estragada, pois as embalagens não são fechadas direito. Tchará! Quick Seals.*
- ✦ *Uma mulher se irrita porque a alça do sutiã vive caindo. Tchará! Strap Tamers.*
- ✦ *Um casal que gosta de se alimentar bem está à procura de comida congelada e saborosa. Tchará! Amy's Kitchen.*
- ✦ *Uma mulher está cansada de correr atrás de seus filhos, que vivem de nariz escorrendo. Tchará! Boogie Wipes.*
- ✦ *Uma senhora educada está cansada de ver a marca da calcinha aparecer. Tchará! Spanx.*

Grandes ideias estão sempre à nossa volta. Todo dia eu conheço gente que pensou em inovações nas quais nunca ninguém havia pensado antes. Em todos os casos, a ideia partiu de uma necessidade, alguma coisa que estava faltando, uma frustração, um desejo de tornar a vida mais fácil, ou um pouco melhor. São ideias que fazem

18 A GRANDE IDEIA

você bater com a palma da mão na própria testa de tão óbvias. Mas foi necessário ter gente com desejo e motivação para que elas virassem realidade.

Se *você* está desenvolvendo uma grande ideia agora — uma ideia que pode lhe gerar milhões —, está na hora de se mexer. Não deixe que nada freie você. Não permita que ninguém menospreze sua ideia e lhe diga que seu sonho não vai se realizar. Em caso de dúvida, *faça*.

O sonho de prosperidade está a seu alcance. Eu já o vi acontecer literalmente centenas de vezes. As pessoas que transformam suas grandes ideias em milhões têm todo tipo de formação imaginável. Podem ser mães de classe média, operários de fábrica, universitários, veteranos de guerra, deficientes físicos, trabalhadores de escritório, aposentados, todo mundo, qualquer um. Pessoas comuns — algumas delas, inclusive, precisam enfrentar obstáculos consideráveis — estão mostrando a que vieram e alcançando metas extraordinárias.

Esses empreendedores têm uma coisa em comum. Eles eram apaixonados por suas grandes ideias — tão apaixonados que quando os pessimistas se reuniam ao redor delas, elas simplesmente os afastavam, acreditando que pudessem realizar seus desejos... e conseguiam. Elas correram atrás do que acreditavam. E suas conquistas representam uma revolução que está atravessando o mundo, mudando a maneira como os negócios são feitos.

Olhe esta notícia: Nós não vivemos mais num mundo onde tudo é feito de cima para baixo. A cultura empresarial vem passando pela transformação mais radical desde a Revolução Industrial. Transformar os sonhos individuais em realidade é bem mais possível hoje do que em qualquer outra época. Os inteligentes são aqueles que conseguem descobrir como capturar uma fatia desse movimento.

Esqueça as velhas desculpas. Esqueça a mentalidade do *nós x eles*. Você não precisa estar numa grande empresa para se realizar, nem ter uma fábrica própria para produzir seu próprio produto. Não precisa sequer de um escritório. Da sua casa você pode criar seu próprio produto website, fazer sua pesquisa, criar uma força de vendas eletrônica, entrar numa comunidade de pessoas que pensam como você e vender seu produto.

Sonhar é a nova realidade e *The Big Idea* é o melhor *reality show* para isso. Meus convidados são a encarnação de tudo o que é maravilhoso e inspirador no que somos culturalmente neste século XXI. Eles não chegaram ao sucesso porque nasceram no clube dos espermatozoides sortudos, ou porque eram os caras mais bonitos do pedaço, ou mesmo porque tinham algum talento especial. São pessoas que pela paixão e pela motivação humana — e, tudo bem, às vezes um pouco de sorte — encontraram o caminho para o topo.

Existem muitas estradas diferentes para o sucesso. Mas tenho que dizer, num nível pessoal, que não existe nada de que eu goste mais do que encontrar alguém que fazia tudo errado quando era criança e agora é muito bem-sucedido.

Quem sou eu para falar?

Por que me identifico tanto com esses ex-desastrados? Porque falo por experiência própria — eu já fui um garoto assim. Quero que você saiba um pouco a meu respeito, para que possa entender de onde venho. O tipo de reprovação que eu costumava ouvir era: "Donny até que tem cérebro — só falta usá-lo."

Meus pais e professores sabiam que eu era inteligente e ficavam muito frustrados com o fato de eu parecer ser incapaz de ter vocação para alguma coisa. Mas, francamente, a escola me aborrecia. Tirar boas notas não era propriamente importante para mim. Minha prioridade era me divertir. Eu era um gênio estratégico no parquinho, mas quando o sinal tocava e eu me encontrava na sala de aula, me sentia perdido. Eu era cheio de energia — distraído, inquieto, falador, mas muito desleixado em dar sequência às coisas. A frase que eu mais ouvia era "Donny! Preste atenção!" O problema era muito claro para mim já naquela época: eu tinha a capacidade de prestar atenção de um mosquito. Hoje, provavelmente teriam me diagnosticado como portador de distúrbio de déficit de atenção (DDA) e me receitado medicamentos para tratar essa inquietação. Talvez eu tivesse melhorado, mas fico feliz de não ter sido assim. Com o benefício de poder olhar para trás depois de todo o tempo que passou, vejo que aquela criança ainda está dentro de mim. Aquele menino é meu verdadeiro eu.

Toda pessoa de sucesso tem um elemento de sorte na vida e os meus pais foram o meu. Cresci em Hollis Hills, no Queens, e tive uma bela vida de classe média-alta. Meus pais me incentivavam todos os dias, mesmo quando eu lhes dava muitas razões para arrancar os cabelos. Às vezes, eles me recompensavam, em outras, me puniam, mas nunca desistiram de mim. Sempre enxergaram meu potencial.

Meu pai trabalhava com publicidade. Era diretor de criação da grande agência Ogilvy & Mather, antes de decidir abrir o próprio negócio, David Deutsch e Associados. Ele sempre me aconselhou a fazer o que eu amava, e isso naquela época era um conceito muito radical. Em geral, porém, a mensagem é que a diversão era para os fins de semana. Trabalho era coisa séria. O alto da montanha, na minha juventude, era ser um profissional de respeito — médico, advogado, contador.

Não havia lugares para sonhadores na sala de aula. O futuro já estava traçado — estudar muito, entrar para uma boa faculdade, conseguir um bom emprego e se estabilizar. Esse era o modelo de sucesso naquele tempo. As pessoas não falavam em se encontrar. A receita de felicidade se baseava em se encaixar numa das caixas padronizadas. Se eu puder dar algum conselho aos pais de hoje — e agora que sou pai, também me incluo — é prestar atenção no que o seu filho ama fazer e incentivar isso.

A escola para mim era maçante, mas havia centelhas de esperança, momentos em que eu brilhava. Se eu entendesse tudo isso, teria

CHAMANDO TODOS OS SONHADORES   **21**

aproveitado mais esses momentos, percebido a área em que estava meu potencial. Eu podia sair de qualquer encrenca na base da lábia e até fui eleito representante de turma no último ano do ensino médio. O que me faltava em disciplina, eu procurava compensar com charme e às vezes isso até funcionava. Eu tinha um cérebro nota seis e uma lábia nota dez.

Nunca percebi o óbvio — que podia transformar o talento que eu tinha em lidar com as pessoas numa carreira. Quando me aproximei dos últimos anos do ensino médio, meu único foco era conseguir que minhas notas fossem melhores e passar nas provas para que eu pudesse entrar numa boa faculdade. Minha primeira pista de que talvez eu tivesse um cérebro aconteceu quando me dei bem na Regents[*]. Esses testes padronizados são engraçados. Garotos que às vezes têm notas totalmente medíocres tiram uma nota altíssima, para surpresa de todos. Na parte de redação, mostrei a mim mesmo que podia pensar e escrever com criatividade. Para mim, foi uma revelação.

Estudei bastante e entrei para a Universidade da Pensilvânia, mas continuava inquieto e ansioso em continuar com minha vida no mundo real. Quando me formei em Wharton, fui trabalhar na Ogilvy & Mather, a gigante da publicidade. Eu tinha a mentalidade típica de um recém-formado: trabalhar com os melhores. Achava que era assim que provaria que tipo de profissional eu era.

Mas como eu estava errado! E *muito*! Para começar, já que eu fazia mestrado em administração de empresas, acabei ficando preso à parte da contabilidade e virei o pior executivo de contas da história da publicidade. Na Ogilvy & Mather, fui designado para cuidar da conta da Maxwell House num nível muito, mas muito baixo. Havia na agência uma espécie de paixão misturada com medo que não era nem um pouco positiva. Em meu primeiro dia de trabalho, entrei numa reunião e a

---

[*] Espécie de prova administrada pelo estado de Nova York que dá uma certificação mais alta do que os exames escolares comuns. (*N. do T.*)

22 A GRANDE IDEIA

tensão era tão sufocante que eu mal conseguia respirar. Não entendi nada. As pessoas pareciam estar a ponto de explodir. Não era um ambiente criativo e energizante. Era uma energia desesperada e amedrontada. Definitivamente, aquelas pessoas não estavam se divertindo. Tive vontade de gritar para aquela sala cheia de gente: "Ei, aliviem um pouco. É só um café." *Só um café!* Esse comportamento demonstra bem a mentalidade idiota que eu tinha naquela época.

Como executivo de contas, eu não passava, na verdade, de um glorioso analista de números. Eu queria sair e conhecer os clientes, mas me disseram que ninguém do meu nível se encontrava com os clientes. E assim eu ficava sentado em meu cubículo, odiando cada minuto que passava ali. A cultura da Ogilvy & Mather naquela época era a antítese da minha natureza. É por isso que é tão importante conhecer a si próprio. Algumas pessoas se dão muito bem na cultura das grandes corporações. Eu não era assim. Demorou nove meses até que eu descobrisse que aquilo não era para mim. Eles deviam ter me despedido; saí antes que tivessem essa chance.

Mas eu ainda não havia terminado de me estabelecer como um perdido. Vendo que eu estava à deriva, meu pai fez uma proposta extremamente generosa. Ele me convidou para trabalhar na agência dele, e eu aceitei.

Meu pai tinha criado uma agência sólida e conservadora, do tipo "butique", com a reputação de fazer uma mídia impressa sofisticada. Eu queria me envolver no trabalho criativo, talvez agitar um pouco as coisas, mas meu pai me colocou em meu devido lugar.

— Você é formado em administração. Precisamos de você junto à contabilidade.

Pelo menos daquela vez eu cheguei a conhecer os clientes, mas não era aquilo o que meu coração queria. Tenho certeza de que as outras pessoas da agência ficavam murmurando como o filho do patrão era um idiota.

Meu pai viu tudo claramente e, por amor, foi severo comigo:

CHAMANDO TODOS OS SONHADORES   23

— Vai embora daqui. Encontre alguma coisa por que você seja apaixonado.

Ser despedido por meu próprio pai me machucou. Eu tinha 26 anos, não havia me acertado nos meus dois primeiros empregos e isso parecia o fim do mundo. Sentia-me deprimido e envergonhado. Uma coisa parecia ser absolutamente óbvia: eu não havia sido talhado para o mundo da propaganda. Precisava seguir numa direção totalmente diferente. E, assim, decidi virar advogado!

Devorei os livros, fiz as provas para entrar na universidade e tinha acabado de ser aceito na Faculdade de Direito da George Washington University quando aconteceu uma coisa que mudaria para sempre a minha vida.

Meu pai me contou que ia vender a agência. Ele estava com cerca de 55 anos e recebera uma boa proposta de um grupo da Filadélfia. O plano dele era vender a David Deutsch e Associados, trabalhar ali por mais alguns anos e se aposentar. Ele já tinha tudo planejado. E quando me contou, alguma coisa em mim gritou: "Peraí!"

Esse foi meu despertar. Pela primeira vez na vida, ouvi minha intuição e ela dizia que eu devia desafiar aquela decisão. Dentro de mim, eu não achava que meu pai realmente quisesse vender a empresa. E tive uma visão. Fui a ele e abri meu coração. Pedi que ele não efetivasse a venda. Pedi que ele me contratasse outra vez, mas não para lidar com contas, e sim para ser o motor criativo a gerar novos negócios e novas ideias. Eu estava certo de que poderia fazer a agência crescer. Foi o discurso mais apaixonado que fiz na vida.

É muito ilustrativo que meu pai tenha me escutado e não começado a me jogar na cara tudo o que eu já tinha feito de errado. Eu estava pedindo a ele que abrisse mão de um bocado de dinheiro e arriscasse muitas coisas em meu nome. E ele aceitou! Até hoje, fico surpreso com a reação dele. Só posso imaginar quantas noites sem dormir ele passou depois de ter tomado essa decisão. Mas sua fé em mim mudou minha vida.

Em 1983, a agência tinha trinta empregados. Nos 18 anos seguintes, ajudei a transformar a Deutsch numa das grandes forças do mundo da propaganda. Eu estava empolgado. Nenhuma conta era tão grande que não pudéssemos fazer uma proposta. No ano 2000, tínhamos mil empregados e uma lista de clientes de alto calibre como Ikea, Pfizer, Mitsubishi, Revlon e Bank of America. Gosto de dizer que comecei tarde e terminei cedo. Mas o que realmente aconteceu para fazer meu mundo mudar?

Quando meu pai me deu a liberdade de fazer a agência crescer, foi meu momento de decisão: *Esteja à altura ou se cale para sempre.* Dois fatores me impeliram à frente. O primeiro foi o fato de eu estar arriscando tudo, não só o que eu tinha, mas também o que meu pai tinha. Eu não podia decepcionar nenhum dos dois. O segundo era que, finalmente, na maturidade de meus 26 anos, eu tinha encontrado minha paixão. Eu estava apaixonado por meu trabalho.

A resposta é amor

Se eu perguntasse a duas mil pessoas "qual o segredo de seu sucesso?", quase todas as respostas seriam idênticas: Fazer o que se ama. Você tem que ser apaixonado pela profissão. E vou até mais além: não importa o que você faça, se não estiver apaixonado, procure alguma outra coisa.

Nunca encontrei uma pessoa verdadeiramente bem-sucedida que não fique empolgada com o trabalho que faz. Dê uma olhada nos ícones do mundo empresarial de hoje — os Donald Trumps e os Rupert Murdochs da vida — e você vai ver o brilho nos olhos deles. Esses caras têm tanto dinheiro que não precisam mais trabalhar um único minuto na vida. Eles trabalham porque isso os deixa ligados. Quer saber quem está se dando bem na vida? Observe as pessoas com um sorriso do tamanho de um bonde no rosto.

CHAMANDO TODOS OS SONHADORES   **25**

Existem muitas maneiras de se medir o sucesso. Dinheiro é uma delas. Mas a principal é o amor. Trabalhamos durante a maior parte das horas que passamos acordados, e se você não gosta do que está fazendo, não vai ter um dia a dia feliz.

Aqui vai uma pista: quando o domingo à noite parece ser tão bom quanto a sexta-feira à noite é sinal de que você está fazendo o que ama. Ainda me lembro de quando trabalhava na Ogilvy & Mather e sexta à noite era o auge da semana. Minha verdadeira vida, minha felicidade, meu prazer, tudo isso acontecia no fim de semana. No domingo à noite eu já me encolhia, me sentia tenso, preparando para enfrentar um massacre de cinco dias.

Até hoje consigo me lembrar de como tudo isso mudou dramaticamente desde que eu realmente me engajei na agência de meu pai. Os domingos à noite eram tão bons quanto as sextas. Aliás, eram até *melhores*. Mal podia esperar para ir trabalhar. Meu trabalho era meu campo de jogo. Era divertido. E foi aí que comecei a ter sucesso. Então, se seu domingo à noite for sua sexta à noite, você está no lugar certo.

A tradição empresarial ainda costuma ser bastante estoica. Como sociedade, ainda vemos um problema quando a felicidade caminha junto com o sucesso. A filosofia segundo a qual não há ganho sem dor parece ter colado em nós. A ideia é trabalhar duro por quarenta anos e depois se aposentar e se divertir. Que plano de vida horroroso! Existem muitos aposentados no clube de golfe se perguntando: "Será que é só isso?"

Quando as pessoas entendem que trabalhar pode ser divertido, é uma grande revelação. Vejo muitas transformações em meu programa. Ouço as histórias mais incríveis. Só que elas não são tão fantásticas quando se vê os resultados. Tivemos um cara, Nathan Sawaya, que era um grande advogado que ganhava quase um milhão de dólares por ano. Um dia ele largou tudo para ganhar US$13 por hora e montar miniaturas de Lego na Legolândia. Ele contou que desde os

26 A GRANDE IDEIA

4 anos ele amava Legos apaixonadamente. Na faculdade, ele os guardava debaixo da cama do dormitório. E agora ele decidira voltar a seu primeiro amor. Você pode imaginar o que os parentes e amigos de Nathan acharam dessa ideia! Imagine a conversa:

— Querida, vou largar meu trabalho burocrático e passar a vida montando Lego.

Mas aqui está a sacada. Hoje Nathan é um dos maiores artistas de Lego no mundo. Ele ganha milhares de dólares com suas obras de arte originais. E por que não? As criações de Nathan despertam emoções, passam sutileza, humor — tudo isso através de um meio inesperado que a maioria das pessoas diria que é brincadeira de criança. E ele é um cara feliz.

Nathan revelou um segredo muito importante do sucesso. Quando as pessoas me perguntam o que devem fazer para encontrar sua paixão, eu uso o caso de Nathan como exemplo. Volte à sua infância, que foi o período mais puro de sua vida. O que você amava? Quais eram seus hobbies? Tendemos a dividir nossa vida entre trabalho e diversão. Dê uma olhada na diversão. Garanto que você terá um insight sobre o que lhe deixa feliz hoje em dia.

Aliás, foi assim que fui parar na televisão com *The Big Idea*... e agora este livro!

No ano 2000, vendi nossa agência para uma *holding* internacional, a Interpublic, por cerca de US$300 milhões. Eu continuava sendo o CEO, mas estava menos envolvido. A essa altura da vida, eu já me conhecia bastante bem e percebia que a agência não estava mais ocupando minha cabeça e meu coração tão completamente quanto antes. Eu já estava nesse ramo havia muito tempo. Entrava numa reunião e em cinco segundos já sabia o que ia acontecer. Eu adorava o negócio, mas a sensação de estar diante de um grande desafio não existia mais para mim. Eu estava insatisfeito e não me dedicava mais 100%. E sabia o que isso significava. Como é de minha natureza, comecei a olhar em volta, tentando achar uma nova montanha para escalar. E a encontrei na CNBC.

É claro que não aconteceu de um dia para outro. A CNBC sempre me chamou por vários anos para fazer comentários e dar opiniões sobre assuntos ligados ao marketing em seus programas de negócios. Sempre que eles queriam "alguém da publicidade", eles vinham a mim e eu sempre gostava. Minha agência apareceu no programa *The Apprentice (O Aprendiz)*, com Donald Trump, e isso atraiu muita atenção. Depois que substituí o apresentador do programa *Kudlow & Cramer*, eu me perguntei: "Por que não vender a ideia para um programa?"

Eu já tinha percebido que, toda vez que eu aparecia na televisão, a adrenalina corria. Eu ficava ligado. O pessoal da CNBC também percebeu. Não importava que eu não tivesse uma experiência televisiva de verdade. Dessa vez, eu tinha bastante experiência empresarial nas costas e estava certo de que poderia agregar valor.

Pensei "Por que NÃO eu?" Quando conheci as pessoas mais bem-sucedidas, quase todas, sem exceção, tinham um senso de merecimento que se resumia na frase "Por que NÃO eu?". Você pode colocar milhares de pessoas com os mesmos talentos, mas elas é que tinham esse algo a mais que dizia "Dane-se, eu é que vou fazer isso". E essa foi minha atitude.

Não foi fácil, e foi um grande risco emocional. Obviamente, naquela altura da vida, eu não ia ficar pobre se o programa fracassasse, mas não havia qualquer garantia de que eu fosse ter sucesso na televisão. Aliás, a história indicava que o vento soprava contra mim. Apenas um pequeno percentual de novos *talk shows* funcionavam. Os primeiros dois anos foram bem duros. Nós tínhamos o título *The Big Idea*, mas não estávamos fazendo um trabalho à altura. Basicamente era um programa de entrevistas e, honestamente, eu o achava um pouco chato. Vivíamos fazendo experiências e a CNBC, comandada por seu dinâmico presidente Mark Hoffman, nos deu o apoio, a paciência e o espaço para crescer e mudar. E finalmente encontramos nossa grande ideia na vida de

28 A GRANDE IDEIA

pessoas fascinantes — não apenas celebridades, mas pessoas comuns que conseguiram se transformar com garra e paixão. Em um ano, nós passamos de uma noite por semana para cinco. Com o tempo, encontramos a fórmula certa e hoje *The Big Idea* é um programa realmente vencedor.

Mais uma vez encontrei um campo onde minha lábia nota dez era uma grande vantagem. E, mais uma vez, amo meu trabalho. Um amigo meu recentemente chamou o programa de "diversão inspiradora". Acertou bem na mosca. E acho que eu é que sou mais inspirado pelas pessoas que vão ao meu programa. Eu realmente me sinto como uma criança numa loja de doces.

Como é que você encontra aquilo que ama? Tem de começar no plano instintivo.

Escute àquela vozinha

Confiar no seu instinto é uma situação em que sempre se sai ganhando. Você pode pensar: "o que meu instinto vai saber?". A resposta é: muita coisa. Aquela vozinha dentro de você está sempre lhe dizendo o que você realmente sabe, pensa e acredita. É, você pode estar errado, mas isso existe. E é você. Escute-a. Aproveite-a.

Você sabe que isso já acontece na sua vida. Provavelmente confia em seus instintos umas cem vezes por dia e nem percebe isso. Do momento em que você pula da cama e começa a se preparar para o dia, você é bombardeado de escolhas. Algumas parecem ser as mais certas. Você não seria capaz de se vestir se não confiasse em seus instintos. E, é claro, gastamos muita saliva com o conceito de química ao se escolher um parceiro ou um sócio nos negócios. Mas o que é a química senão uma resposta profunda dos instintos?

Esses mesmos instintos são importantes nos negócios também. E no entanto tantas pessoas ignoram essa voz interior e terminam se arrastando penosamente pela vida profissional se sentindo insatisfeitos. Em vez de se unirem aos seus corações, elas seguem a cacofonia de vozes sobre aquilo que devem fazer, ou o que dá mais prestígio, ou qual o caminho mais seguro. Bem, tenho algumas novidades para você. Profissões de prestígio podem ser chatas e de matar a alma. E o caminho mais seguro e mais convencional não garante o sucesso, muito menos a felicidade.

Recebi uma grande mulher no programa chamada Taryn Rose. É uma mulher inteligente que ouviu seu coração e venceu. Taryn descreveu a si mesma como uma "boa menina vietnamita", que sempre fez o que seus pais queriam. E o que eles mais queriam era que a filha virasse médica e assim ela obedientemente entrou para a faculdade de medicina e virou uma cirurgiã ortopedista. Ela até que era boa. O único problema é que ela odiava a profissão.

— Era desesperador. Eu podia me ver passando o resto da vida fazendo sempre os mesmos dez procedimentos.

Ela deu uma boa olhada em sua vida e fez a pergunta crítica: "Se não gosto do que estou fazendo agora, então quando é que acho que vou gostar?"

A cabeça de Taryn e toda uma vida de condicionamento lhe diziam uma coisa. O instinto dela dizia outra. Se ela ouvisse seu instinto, estaria indo contra tudo aquilo que lhe foi ensinado.

Então ela deu um grande salto porque não queria chegar aos 60 anos e dizer "eu queria ter feito aquilo".

A grande ideia de Taryn surgiu organicamente, do exercício da sua profissão. Os pacientes dela sofriam de dores nos pés e isso significava ter de usar uns sapatos ortopédicos horrorosos que lhes deixavam se sentindo velhos e nem um pouco atraentes. Ela frequentemente ouvia seus pacientes dizerem que preferiam sofrer a ficar parecidos com as avós. Ela se incomodava com o fato de não haver um único sapato elegante e de luxo que fosse ao mesmo tempo confortável e sexy. Então, ela inventou um.

30 A GRANDE IDEIA

Passar de uma cirurgiã ortopédica para uma designer de sapatos foi um salto bem grande e certamente não foi a ação de uma "boa menina". Os pais dela passaram um ano sem falar com ela. Houve momentos ruins. Mas hoje os sapatos de Taryn são vendidos em lojas de luxo no mundo inteiro e ela mesma é dona de cinco lojas.

Como ela soube que tinha de confiar em seu instinto numa mudança de vida tão grande? Aqui está o teste definitivo: "Se você pode se imaginar no futuro olhando para trás e se entristecendo por não ter seguido esse caminho... é assim que você sabe."

Por natureza, tudo o que é novo nasce da alma. No dia em que você deixa de ouvir sua voz interior, o sonho morre.

Um fato da vida

No *The Big Idea*, celebramos as pessoas que têm a coragem e a força para fazer seus sonhos acontecerem. Mas, em todos casos, o caminho para o sucesso começa a partir de uma ideia.

Algumas pessoas pensam que uma grande ideia é como um raio que cai do meio do nada bem na sua cabeça. Sabe como é, aquele momento "Aha!". Mas raramente é assim. A grande ideia não é um ato de Deus. É um fato da vida cotidiana. Falando de maneira simples, a ideia que pode valer milhões começa com uma observação, com uma forte consciência de sua vida e da vida a seu redor. É o momento em que você diz "tem de haver um jeito melhor". É o momento em que você se pergunta "como é que eu posso resolver esse problema?". É o momento em que você vê alguma coisa e pensa "hum, talvez isso funcione na minha vizinhança". As verdadeiras grandes ideias são orgânicas. Elas surgem da vida.

Olhe à sua volta. Quais são as empresas mais bem-sucedidas da atualidade — as grandes ideias que as pessoas realmente admiram?

Como é que elas começaram? Com uma observação. A Starbucks começou quando Howard Schultz percebeu, numa viagem à Itália, que havia cafeterias em quase todas as esquinas. Ele amou a qualidade dos grãos, mas o que realmente chamou sua atenção foi a sensação de estar numa sala de estar pública. Ele se perguntou: "Por que não poderia funcionar em meu país?"

A Federal Express foi fundada por um sujeito absolutamente comum chamado Fred Smith, que viu o potencial de um serviço de entregas de um dia para outro. Ele escreveu uma monografia de faculdade sobre como isso poderia transformar o mundo dos negócios. Ele diz que "provavelmente tirou a nota C que geralmente obtinha na faculdade". Mas hoje a FedEx é uma empresa que fatura US$27 bilhões.

A Whole Foods começou como uma loja de alimentação saudável na garagem de John Mackey, em Austin, Texas. Ele viu uma necessidade de comidas frescas e saudáveis que não era atendida. Hoje, a empresa é a maior varejista de comidas naturais e orgânicas dos Estados Unidos.

Em todos os casos, uma necessidade não estava sendo atendida. Um problema tinha que ser resolvido. E esses inovadores se candidataram ao papel e partiram para a ação. Nenhum deles tinha dinheiro. Nenhum deles tinha muita experiência. Eles partiram de um momento de consciência e foram em frente.

A consciência é a ignição. A motivação, o acelerador. É quando você diz "aonde vou chegar com isso? Que ações eu preciso tomar?" Sem ação não há história.

Muitas pessoas que não transformam suas ideias em realidade param no ponto da motivação. É muito fácil dizer "eu tenho uma ideia". Todo mundo tem uma ideia. Mas você precisa fazer alguma coisa para transformar a fé numa ação.

Geralmente basta dar alguns passos de bebê. Pode ser entrar numa loja e olhar ao redor. Ou ir a uma feira de negócios. Ou fazer um desenho de sua ideia. Ou pedir a cinco amigos para testá-la.

Toda ação faz você avançar mais uma casa. Os obstáculos são o medo e a negatividade:

"Eu não sei como..."

"Não é tão bom assim..."

"Nunca fiz nada antes..."

"Estou muito ocupado..."

"Não tenho dinheiro..."

"Se fosse uma ideia assim tão boa, alguém já teria feito..."

E por aí vai. Existem infinitas razões para *não* se fazer alguma coisa. Qualquer um pode se açoitar com um ataque de medo. É mais fácil do que virar de lado e ir dormir. Aqueles que respondem ao despertar é que têm êxito.

O que é inspirador em nosso programa é que os espectadores veem pessoas com as quais elas podem se identificar, que deram um passo de cada vez e não deixaram que a voz interior da dúvida vencesse. São pessoas que acreditaram em si mesmas e foram em frente, mesmo com cem pessoas dizendo não. Eu gosto do jeito com que um dos meus convidados colocou essa questão:

— Quando alguém diz *não*, eu não ouço um *não*. Ouço *assim não*.

Minha promessa para você

Muito bem, vamos ao que interessa. Contei um pouco sobre quem eu sou e no que acredito. Aqui está o que tenho a oferecer.

O programa *The Big Idea* toca em uma ferida. Os espectadores apreciam o nosso lema — nós chamamos o programa de "seu caminho diário para o sonho americano" — e eles ligam a televisão toda noite para trazer essas possibilidades para suas salas. Nós recebemos centenas de e-mails, telefonemas e cartas depois de cada programa. Por toda parte, as pessoas pedem duas coisas: inspiração e utilidade. Existem muitos livros por aí que transmitem uma mensagem moti-

CHAMANDO TODOS OS SONHADORES 33

vacional e muitos outros ainda oferecem ferramentas práticas. Este livro põe na mesa uma fórmula especial, que vou compartilhar com você. Nele, vou trazer à tona as histórias reais e inspiradoras de pessoas comuns que começaram com pouco mais do que um sonho e uma ideia e lhe mostrar como elas superaram barreiras e fizeram o negócio funcionar.

No programa, criamos um palco que beneficia os dois lados. Eu sou infinitamente fascinado pela pergunta — que eu faço a todos os convidados — *"Como você conseguiu?"*. Quero saber tudo nos mínimos detalhes. Quais foram os passos? O que aconteceu? E depois? Em resposta, eu lhes dou o melhor conselho possível sobre como fazer a primeira venda, até como encontrar um investidor, escolher um nome e ter lucro. A sinergia é elétrica.

Quando você terminar de ler este livro, prometo que vão acontecer duas coisas: você estará energizado e terá uma base de conhecimentos. O passo seguinte é com você.

Você está pronto para pular da cadeira?

Ótimo. Vamos fazer as coisas acontecerem!

CAPÍTULO 2

Não precisa ter
experiência

Q uando *The Big Idea* foi ao ar pela primeira vez, todo mundo quis que eu aprendesse um monte de coisas. Sugeriram que eu contratasse um diretor de televisão, um profissional experiente, para me ensinar certas coisas. Eu era novo na televisão e eles não podiam esperar para me modelar — incutir em mim aquele estilo televisivo com que todo mundo está acostumado. Mas, se eu fosse a marca que eles estavam comprando, eu tinha de ser eu mesmo.

É claro que não resisto a tudo o que se refere à televisão. Tenho o pessoal da maquiagem à minha volta antes de entrar no ar, para passar um pó no nariz e colocar o cabelo no lugar. E uma equipe realmente muito boa em tudo. O que estou tentando mostrar aqui é algo mais profundo. As pessoas estão procurando autenticidade — algo que seja real. E às vezes não ter experiência — o que para mim seria entrar na televisão sem um treinamento intensivo — pode lhe proporcionar uma vantagem.

Tem muita gente que chega ao programa e diz:

— O motivo de eu ter tido tanto sucesso foi que eu não sabia o que eu não sabia.

36 A GRANDE IDEIA

O que elas estão dizendo é que não sabiam que podiam não dar certo, e por isso simplesmente foram em frente. Esse é o exemplo máximo de como transformar um impedimento numa motivação. Se você não tiver conhecimento das enormes barreiras que estão espalhadas em seu caminho, tem mais chance de ir em frente. Então, quando se confrontar com as barreiras, vai encontrar maneiras de contorná-las.

Um dos motivos de eu ter tido tanto sucesso na ampliação da agência Deutsch é que eu não cheguei lá pelo sistema de uma agência tradicional. Eu não sabia que não devia fazer algumas das coisas que tentei. Era ingênuo o suficiente para achar que uma ideia maluca poderia funcionar e de fato funcionou. Organizacionalmente, ergui uma agência diferente daquilo que se esperava dela.

Foi realmente muito difícil fazer meu programa funcionar e dar certo, mas, sendo inexperiente, eu não tinha medo de me arriscar. Esse é um tema muito frequente nas *start-ups* bem-sucedidas.

A ignorância pode ser uma bênção. Para mim, ela funcionou.

O que você não sabe não vai machucá-lo

A inexperiência permite que você encontre um caminho e siga em frente. Às vezes quando as pessoas falam da "voz da experiência", elas se referem a um cara que foi tão massacrado que está paralisado. Se você não acredita, pense nos políticos. Um político é eleito pela primeira vez e todo mundo fica muito empolgado com aquele rosto diferente e aquele discurso forte e novo. Quatro anos mais tarde, aquele rosto diferente parece estar um pouco mais amarrado. A voz passou a ser cautelosa. Talvez seja a natureza humana. Mas não tenha tanto medo de ser novo no ramo. Você pode fazer disso uma vantagem.

Por exemplo, eu sempre digo que a pessoa que vai inventar a próxima grande bebida não sairá necessariamente da indústria de bebidas. Os velhos profissionais têm obstáculos demais na cabeça: *Ah, essa embalagem nunca vai funcionar. Ah, é muito difícil conseguir espaço nas prateleiras. Você tem ideia de que é quase impossível entrar nas grandes redes de supermercados?*

O novato ingênuo pode quebrar a cara, mas às vezes a falta de experiência é o que faz uma ideia decolar. Lizzy Morrill se deparou com uma situação semelhante quando tentou lançar o Fizzy Lizzy, um suco de frutas gaseificado. As pessoas diziam:

— Se essa é uma ideia tão boa, por que a Coca ou Pepsi ainda não inventaram?

Esse é o tipo de pergunta que pode lhe deixar paralisado. Lizzy não permitiu que isso acontecesse. Ela tinha uma espécie de espírito rebelde dentro dela.

— Quando um especialista disse que não, isso me deixou ainda mais determinada.

Como a maioria das grandes ideias, o momento de iluminação de Lizzy surgiu de um problema prático. Ela adorava misturar suco de frutas com água com gás. Um dia ela andava de bicicleta pelo litoral norte de Long Island se atrapalhando toda com as garrafas de suco e de água com gás. Ela teve um pensamento: "Não seria ótimo se eu tivesse tudo isso na mesma garrafa?"

> **Lição da Grande Ideia:** Lizzy é um modelo de tenacidade, mas ela também tomou algumas decisões inteligentes pelo caminho. Uma delas foi dar um pequeno percentual do seu negócio para se associar a um especialista que podia fazer as coisas acontecerem. Ela percebeu que 98% de alguma coisa era melhor do que 100% de nada.

Havia alguns produtos no mercado, mas eram cheios de adoçantes e outros ingredientes que não eram naturais. E ela estava disposta a criar uma mistura totalmente natural.

Ela se pôs a trabalhar na própria cozinha testando diversas misturas até encontrar o que queria. A gozação dos amigos lhe deu o

38 A GRANDE IDEIA

ímpeto para partir para o próximo passo. Ao todo, ela teve que dar mais de cem telefonemas até encontrar um engarrafador. Se você tem medo de ouvir um não, deixe que Lizzy lhe inspire. Além da rejeição, todo mundo para quem ela ligou deu o mesmo tipo de conselho maldoso:

— O vento está contra você.

Mas Lizzy não desistiu. Finalmente, um cientista de alimentos se tornou seu sócio (ela lhe deu dois por cento do negócio) e ela conseguiu fazer um lote. Dali em diante foi preciso andar muito e levantar muito peso, carregando garrafas de vidro por toda Manhattan. Em sete anos, ela conseguiu levar seu produto a uma loja especializada após a outra e conseguiu que ele fosse parar nas prateleiras. Olhando para trás, Lizzy não se arrepende da luta pelo sucesso. Admiro o espírito dela. Como ela disse:

— Eu não tinha namorado, não tinha filho. Achava que pelo menos um suco eu podia ter.

Se Lizzy soubesse de todas as barreiras que iria encontrar para produzir seu produto e colocá-lo nas lojas, será que teria encarado tudo desde o começo? Talvez sim, talvez não. O fato é que seu campo de possibilidades era muito maior porque ela não conhecia todas as barreiras. Ela as encarou à medida que foram aparecendo e seguiu em frente.

Todo mundo adora um coitadinho

Na próxima vez que você ficar nervoso por ser pequeno, lembre-se de uma verdade dos negócios e da vida: todo mundo adora um coitadinho. Pense nisso. Você torce por Davi ou por Golias? Nos meus primeiros tempos na Deutsch, éramos pequenos e vigorosos e partíamos de uma enorme vantagem emocional. Eu adorava fazer apresentações para clientes e ver as pessoas olhando para mim, pensando "quem esse cara pensa que é?" Eu sabia que nós éramos bons e ficava empolgado ao enfrentar os figurões. Uma das nossas primeiras grandes apresentações, que aconteceu quando ainda éramos uma agência bem pequena, foi pela conta da Ikea.

Lição da Grande Ideia: Quando você captura o desejo humano de ajudar — quando você pede às pessoas que lhe deem uma chance, um empurrãozinho ou para animá-lo — o resultado pode ser uma demonstração milagrosa de apoio.

Todas as agências de primeira linha queriam aquela conta e o que se comentava no meio é que a Chiat/Day, um verdadeiro peso-pesado, era a favorita. Quando chegamos lá, destruímos a concorrência. Por quê? O cliente adorou nosso trabalho e nosso arrojo. Mas, num nível emocional, estou convencido de que as pessoas naquela sala se sentiram atraídas por nosso status de coitadinhos e nossa ânsia absoluta. Eles sabiam que daríamos tudo de nós — e nós demos.

Isso pode parecer um pouco contraintuitivo. Muitos novos negócios têm uma obsessão em mostrar que são maiores e mais bem-sucedidos do que realmente são. Eles buscam a credibilidade tentando passar uma impressão de experiência. Mas, às vezes, a vantagem está do lado daquela empresa que está tentando entrar no mercado e mostra que tem fome. Perceba quando esse for o caso e aproveite.

Lembre-se de uma coisa: as pessoas *querem* ajudar quando você está começando. Quando Lindsay Wieber e Gwen Whiting tiveram a ideia de fazer uma lavanderia de luxo, elas não tinham absolutamente nenhuma experiência — e menos dinheiro ainda para fazer o negócio decolar. Para lançar The Laundress, elas deram uma festa para levantar fundos (e "ter lucro") e chamaram todo mundo que conheciam. A entrada custava US$15. Os parentes e amigos amaram a ideia e elas arrecadaram US$5 mil com a festa e lançaram o negócio. Todo mundo que compareceu se sentiu feliz.

40 A GRANDE IDEIA

Finja até conseguir

Sempre aprendo algo com os universitários que aparecem em meu programa — aqueles que dão o pontapé inicial em suas ideias de um milhão de dólares enquanto ainda estão na faculdade. Eu os admiro. Eu era muito desanimado na universidade. A última coisa que teria passado por minha cabeça seria levantar o traseiro da cadeira e abrir uma empresa.

Dois rapazes da Universidade da Flórida saíram do diretório acadêmico direto para montar uma franquia que vale mais de US$50 milhões. Matt Friedman e Adam Scott gostavam de asinhas de galinha à moda de Buffalo e não encontravam nenhuma em Gainsville — pelo menos, nenhuma que satisfizesse seus padrões. Então eles criaram a própria receita na cozinha do diretório, a notícia se espalhou e logo eles atendiam a pedidos diariamente, ganhando cerca de US$500 por noite — o que não é nenhum trocado para quem está na faculdade.

No fim, a universidade descobriu e disse que eles não podiam mais usar a cozinha do diretório. Então eles vestiram seus melhores ternos e se dirigiram aos bancos. Eles eram bons de conversa e tinham um discurso de vendas muito forte, mas os encarregados de fazer empréstimos não ficaram impressionados. (Eu gostaria de ver esse pessoal hoje em dia e perguntar se eles não estão dando chutes em si mesmo.) Finalmente, eles fizeram o que eu sempre recomendo às pessoas como primeiro passo — pedir aos pais. Cada casal emprestou US$5 mil sob duas condições: que considerassem isso um empréstimo e não uma doação, e que permanecessem na faculdade. O primeiro restaurante The Wing Zone foi fundado com um orçamento mínimo e muita reza forte. Hoje eles têm cem franquias por todo território norte-americano.

> **Lição da Grande Ideia: Se você tem uma grande ideia, dinheiro nunca é obstáculo. Para criar sua empresa, esses jovens empreendedores fizeram o que os investidores geralmente aconselham: pedir primeiro à família.**

Do campo de batalha à mesa da diretoria

Todos nós podemos aprender uma grande lição com os militares veteranos da reserva que se tornaram empreendedores de sucesso. Ninguém merece mais uma fatia do sonho americano do que esses caras. Eles podem não ter experiência prática em negócios, mas possuem algo que é ainda mais valioso: experiência de vida.

Glen Meakem, um capitão da reserva que serviu na primeira Guerra do Golfo e hoje é um capitalista de risco multimilionário, nos contou no programa *The Big Idea*:

— Devo meu sucesso ao que aprendi no Exército.

A experiência adquirida ao comandar soldados numa zona de guerra proporcionou a Glen um campo de treinamento incrível para o mundo dos negócios.

Entre as lições, ele inclui: a necessidade de um trabalho em equipe extraordinário, a disciplina de completar uma missão do início até o fim e aquela demonstração diária de garra que exigia que ele aprendesse a controlar e administrar o medo. Quando Glen voltou aos Estados Unidos, passou a utilizar essas lições ao criar a FreeMarkets, uma antecessora do eBay que oferecia um sistema revolucionário de compras empresariais. Mais tarde, ele vendeu a empresa por US$500 milhões. O risco de abrir uma empresa nova numa cidade com que ele não estava acostumado, Pittsburgh, não assustou Glen. Qual a pior coisa que poderia acontecer? Ele já tinha visto o que podia acontecer de pior — num campo de batalha.

Trabalho em equipe, coragem e disciplina formam uma combinação vencedora tanto na vida como no trabalho. Todos os ex-soldados que entrevistei possuem essa combinação. A experiência nas forças armadas pode compensar a inexperiência no mercado.

Lição da Grande Ideia: A capacidade interior construída através da disciplina, do treinamento e da experiência bruta de vida pode ser um fundamento sólido para o sucesso nos negócios.

42 A GRANDE IDEIA

Seu guardanapo da sorte

Amilya Antonetti virou uma das presenças mais comuns no conselho de especialistas do *The Big Idea* e, se você já assistiu ao programa, já a viu em ação. Amilya encarna o coração e a alma de tudo o que somos — uma história pessoal comovente, uma grande ideia que serve a um propósito verdadeiro, a vontade de entrar num mercado assustador e um grande sucesso. Ela também irradia uma energia sem limites e um otimismo determinado que são, ao mesmo tempo, extremamente cativantes e charmosos.

A empresa de Amilya, a Soapworks, começou com um momento de iluminação no meio de uma batalha de vida ou morte.

Quando o filho de Amilya era bebê, ela constantemente o levava para as salas de emergência dos hospitais. Ele sofria de ataques constantes e dificuldades terríveis de respirar, imensas erupções de pele e convulsões inexplicáveis. Alguma coisa estava muito errada, mas nenhum médico conseguia explicar os sintomas. Em mais de uma ocasião, David esteve à beira da morte. Os médicos especialistas não conseguiam ajudar, por isso Amilya sabia que ela é quem teria de salvar o filho. Ela começou a fazer um exame detalhado da vida que eles levavam, procurando pistas e descobriu que, pouco depois de limpar a casa nas terças, os sintomas de David sempre pioravam. Seu filho estava tendo uma severa reação alérgica a produtos de limpeza convencionais. Infelizmente, quando ela foi procurar produtos de limpeza antialérgicos, não encontrou nenhum. Sua avó sugeriu que ela fizesse seu próprio sabão, utilizando uma receita que ela mesma já tinha usado. Amilya começou a fazer misturas na cozinha e logo a saúde de David começou a melhorar e a família e os amigos começaram a pedir o produto. Ela se transformou na fornecedora de sabão das vizinhanças. Foi então que Amilya percebeu que tinha um verdadeiro serviço a prestar. As pessoas precisavam do sabão dela!

NÃO PRECISA TER EXPERIÊNCIA **43**

Em 1994, ela começou a levar seu sabão às cadeias de supermercado e bateu de frente com um muro de pedra. A resposta era sarcástica. Eles diziam:

— Querida, você já ouviu falar de Clorox? Já ouviu falar de Tide?

Repetidas vezes, os gerentes de compras diziam a Amilya que seus clientes não estavam interessados em produtos antialérgicos. Mas ela sabia que eles estavam errados. Certa vez, ela voltou à sala do gerente de compras e declarou:

— Eu sou sua cliente.

Amilya estava convicta de que havia pessoas iguais a ela que não estavam sendo atendidas. Ela continuou insistindo, fazendo sua própria pesquisa de mercado com os clientes nos corredores dos supermercados. Ela usou todo o dinheiro que tinha — vendeu o carro, sacou tudo da caderneta de poupança e dos CDBs —, o que quer que fosse necessário para fazer seu sabão virar realidade e competir com os maiores conglomerados do mundo.

Mais de dez anos depois, a Soapworks de Amilya é um negócio que fatura US$60 milhões e foi o pioneiro num novo tipo de produto de limpeza que é natural e saudável, ao mesmo tempo em que ensina o público sobre os efeitos prejudiciais das substâncias químicas dos produtos de limpeza comuns. Amilya conseguiu tudo isso com uma atitude de nunca desistir e de gastar a boa e velha sola de sapato. Hoje, os produtos dela podem ser encontrados nas prateleiras de grandes mercados e lojas especializadas nos Estados Unidos.

Amilya, evidentemente, é o tipo exato de história de sucesso que gostamos de mostrar no *The Big Idea*. Mas ainda tem mais. Durante a primeira participação de Amilya em meu programa, aconteceu algo que mudou mais uma vez a vida dela. Perto do final, perguntei:

— E agora, qual será o próximo passo?

Ela não esperava por essa pergunta, mas em poucos segundos revelou sua paixão por ajudar os outros a seguir seus sonhos e conseguir que suas ideias fizessem o percurso "de sua cabeça para o mercado". Ela não tinha pensado muito a respeito, por isso Amilya

44 A GRANDE IDEIA

ficou surpreendida quando cinco mil espectadores responderam com ideias e perguntas. Com esse tipo de inspiração, ela sabia que tinha de encontrar um caminho para juntar todas as dicas, ferramentas e recursos. Ela queria ajudar mais pessoas a serem ouvidas, assim como fazer com que elas dessem vida a suas ideias.

Enquanto Amilya refletia sobre seu próprio caminho e as dificuldades que enfrentou para conseguir que seu produto chegasse ao mercado, ela percebeu como teria sido mais fácil se tivesse tido uma comunidade para apoiá-la e aconselhá-la. E assim ela decidiu criar uma. A Lucky Napkin é um empreendimento lançado por Amilya e três empreendedores de sucesso e com o mesmo tipo de visão para ajudar a lançar e fazer crescer grandes ideias. Esse é um grande instrumento para qualquer um que esteja pronto para pegar uma ideia desenhada num guardanapo e levá-la ao coração do mercado.

FERRAMENTAS DA GRANDE IDEIA
MAPA DO INICIANTE

Nossos especialistas do *The Big Idea* estão prontos a ajudá-lo a decolar. Confira alguns sites para receber os valiosos conselhos práticos que você pode começar a utilizar hoje mesmo.

* Lucky Napkin (www.luckynapkin.com): Amilya Antonetti e sua equipe de especialistas ajudam pessoas a lançar suas ideias de negócio.
* Edge Consulting (www.drdoug.com): O Dr. Doug Hirschhorn, um grande especialista em desempenho, mostra como realizar as tarefas.
* Obsidian Launch (www.obsidianlaunch.com): Michael Michalowicz se associa a empreendedores de primeira viagem dispostos a dar tudo de si.
* Smallbiztechnology (www.smallbiztechnology.com): Ramon Ray mostra como usar a tecnologia para fazer um negócio crescer.

Você também pode ir ao site do *The Big Idea* (www.cnbc.com) para complementar os conselhos que vai receber neste livro.

O mundo é sua sala de aula

Aqui vai uma ressalva. Quando digo que pode haver um benefício inerente na falta de experiência, isso não quer dizer que você deva ser um idiota. A soma de inexperiência com arrogância é igual a fracasso. Inexperiência mais ignorância também resulta em fracasso. Os empreendedores mais bem-sucedidos são muito ansiosos por aprender. Eles são obcecados em obter todas as informações que podem conseguir sobre um setor, o mercado e a concorrência. Mas esse processo de aprendizado não acontece no mundo abstrato. A sua sala de aula é a rua. Aqui vão algumas dicas para ganhar velocidade rapidamente.

✦ *Mesmo que você não perceba, já pode ter um grupo de conselheiros. Pense nos membros de sua família, seus amigos e colegas e onde eles brilham. Sua antiga colega de faculdade levanta dinheiro para ajudar obras de caridade? Pesque um pouco do conhecimento dela sobre as vantagens e desvantagens na hora de ampliar o capital. Seu irmão é representante de vendas de uma agência de propaganda? Descubra o que ele sabe sobre como atingir um nicho de mercado. Sua mãe vende bolo para as quermesses de igreja? Ela pode ter muito conhecimento sobre como recrutar voluntários, planejamento de eventos e apresentação dos produtos. Seu pai frequentou alguma feira de comércio do setor dele nos últimos vinte anos? Descubra tudo o que puder sobre as vantagens e desvantagens dessas feiras.*

✦ *Dedique pelo menos uma hora por dia, religiosamente, para aprender sobre a abertura de um negócio. Entre na internet, vá a uma livraria, plante-se numa biblioteca e reúna o máximo de informações que puder.*

✦ *Entre para um grupo de negócios local. A mairoia das comunidades possui organizações do tipo Câmara de Comércio e Mulheres nos Negócios que organizam almoços e seminários.*

Mesmo que seu negócio ainda não tenha decolado, você será bem-vindo. Esses são lugares muito bons para aprender e fazer contatos.

✦ *Leve sempre um caderno com você. Você nunca sabe quando vai aprender alguma coisa valiosa.*

REGRAS DO DONNY: SUA EQUIPE INTELIGENTE

Certifique-se de se cercar de pessoas que sabem mais do que você. Mantenha sua Equipe Inteligente atrás de você como uma força de apoio. Sempre adotei a política de me cercar de gente que é mais inteligente do que eu. Sempre fui o catalisador, o visionário e sempre acreditei que fosse a chave do motor. Mas um motor consiste de muitas partes.

Não hesite em dar à sua equipe oportunidades de mostrar o que eles sabem fazer e o que eles podem trazer à mesa para apoiar sua visão. Você sabe que não pode fazer tudo sozinho, portanto monte seu time e depois deixe as pessoas trabalharem, designando-lhes tarefas específicas. Ninguém é bom em tudo. Por exemplo, sou péssimo em organizar as coisas e cuidar dos detalhes. As pessoas mais valiosas de minha equipe são aquelas que têm o dom de fazer cem coisas ao mesmo tempo. Eu jamais atingiria tão bons resultados sem elas.

CAPÍTULO **3**

Por que fazer com que outra pessoa enriqueça?

odo dia, independentemente de eu estar na Deutsch ou na CNBC, passo por centenas de cubículos. Tenho certeza absoluta de que a maioria das pessoas ali sentadas tem um sonho que vai muito mais longe do que os poucos metros quadrados que elas habitam. Se eu parasse para perguntar a cada uma delas "o que você realmente gostaria de estar fazendo?", estou certo de que só uma pequena porcentagem diria "aquilo que estou fazendo agora". Dentro de cada pessoa que trabalha existe uma visão.

Não há dúvida de que os jovens trabalhadores de hoje são menos inclinados a aceitar pouco do que as gerações anteriores. O sonho americano costumava se referir a fazer com que uma outra pessoa enriquecesse e, se você conseguisse agarrar uma pequena fatia dessa torta, sorte sua. Para a garotada de hoje, essa é a última coisa que eles querem. Eles querem a torta inteira e mais o prato em que ela foi servida. Eles cultivam uma sensação de merecimento. Algumas pessoas acham que isso é ruim. Detesto ouvir quando o pessoal mais velho reclama que os garotos de hoje não querem sofrer como eles

48 A GRANDE IDEIA

sofreram. Acho isso o máximo. Bato palmas para esse espírito de "eu posso" — mas como é que você faz acontecer? Como é que alguém pode se elevar acima do cubículo?

A primeira coisa que você precisa saber é que isso depende de você. Ninguém mais vai fazer isso por você. Eu me lembro de quando eu era adolescente e corriam muitas histórias de grandes estrelas que foram "descobertas" andando na rua ou apoiadas no balcão de uma farmácia (as farmácias tinham máquinas de refrigerante naquela época). E eu costumava pensar que seria fantástico se alguém batesse em meu ombro e dissesse: "Garoto, eu vou lhe enriquecer." Bem, a chance de isso acontecer é uma em um milhão. Mas você não iria acreditar em quanta gente está sentada por aí simplesmente esperando que alguém venha lhe bater no ombro. O mundo simplesmente não funciona assim.

Às vezes as pessoas dão sorte, mas até a sorte não é inteiramente arbitrária. Ela é atraída pela paixão. Se você quer que os deuses sorriam para você, ponha um sorriso no rosto. Tenha alguma paixão, uma faísca nos olhos. A paixão é contagiante.

Não sou capaz de dizer quantas pessoas já me disseram "eu não tenho as opções que certas pessoas de seu programa tiveram. Eu tenho uma família para alimentar. Não posso simplesmente me livrar de meu emprego e correr atrás de meu sonho". E eu digo para elas que nada é fácil, mas que tudo é possível. Você só tem de dar os primeiros passinhos.

Certa vez eu conversava com Meredith Applebaum, uma produtora encarregada de lidar com os participantes do *The Big Idea*. Ela me falava de seu sonho de algum dia abrir uma empresa de consultoria de imagem. Posso dizer que ela era muito apaixonada pelo assunto. O rosto dela inteiro se iluminava quando ela falava de seu amor por moda e estilo e seu dom natural de ver o que funcionava.

— E por que não abre? — perguntei.

Meredith me olhou como se eu tivesse três cabeças.

— Eu... não posso... Tenho esse emprego... Tenho contas a pagar...

Pfff...

— Nunca diga "eu não posso". Quer saber como você vai conseguir? Nesse sábado, você vai ter seu primeiro cliente. Você vai pegar um cara que seja seu conhecido e levá-lo para fazer compras. Você vai dar uma repaginada total no guarda-roupa dele. Depois, no sábado que vem, você vai levar outro amigo. Faça isso por dez semanas e você vai ter uma carteira de clientes. Na décima-primeira semana, cobre US$500. São passinhos e permitem que você trabalhe no fim de semana. Mas é assim que se constrói uma empresa.

Meredith seguiu meu conselho. E realmente funcionou. Um ano depois, ela entregava sua carta de demissão para dar início à própria empresa. Ficamos tristes com a saída de Meredith, mas todo mundo no programa também ficou inspirado. Nosso presente de despedida para ela foi um dos quadros do programa.

Será que pode ser tão simples assim? Se você tiver aquele senso de merecimento que é tão importante, o anseio e a coragem de correr atrás de seus sonhos — sim, pode ser tão simples assim.

A alma de um empreendedor

Conheci Jen Groover quando ela participou do *The Big Idea* para falar de sua bolsa inovadora, a Butler Bag, ou Bolsa do Mordomo. Trata-se de um grande produto que resolve um grande problema. Jen a criou a partir de sua própria frustração de nunca conseguir achar as coisas na própria bolsa. Ela estava cansada de ficar revirando a bolsa em pânico, incapaz de achar as chaves ou a carteira, enquanto as pessoas que faziam fila atrás dela se aborreciam. Todas as vezes, Jen pensava: "Tem de haver um jeito de desenhar o interior de uma bolsa que seja mais funcional, mas que seja também alegre e com estilo por fora."

50 A GRANDE IDEIA

Então, certo dia, enquanto lavava pratos, Jen teve uma inspiração. Ela pegou o suporte de utensílios da sua lava-louça, colocou-o dentro da bolsa e começou a encher os compartimentos com o conteúdo que em geral costumava carregar — telefone celular, maquiagem, chaves, etc. Nada de ter de virar a bolsa de cabeça para baixo. Ela viu na hora que essa era a solução que ela estava procurando e sabia que outras mulheres sentiriam a mesma coisa. Como disse Jen:

— A ideia funcionou porque veio de dentro. Eu não podia imaginar ninguém que tivesse inventado uma maneira de desenhar uma bolsa melhor.

Jen construiu um negócio de milhões de dólares a partir de uma bolsa.

Mas logo vi que Jen tinha algo especial que ia muito além de suas bolsas. Antes de inventar o próprio produto, Jen já havia descoberto um talento para fazer um negócio acontecer. Através da Jen Groover Productions, ela havia ajudado seus clientes a transformarem os sonhos em realidade e se tornou uma fonte de recursos valiosa para *The Big Idea*. A paixão e a criatividade de Jen eram contagiantes. Ela sempre fora uma empreendedora porque nunca quis estar numa posição onde alguém pudesse pôr limites às suas realizações.

Jen Groover tem a alma de um empreendedor. Isso irradia dela — e ela demonstra essa qualidade todos os dias. Ela faz com que você se lembre de que realmente é preciso algo especial para ser seu próprio chefe e criar seu próprio sucesso. Você tem a alma de um empreendedor? Essas são as qualidades que eu acredito que qualquer empreendedor *precisa* ter:

✦ *Você precisa ter um desejo ardente de fazer uma coisa diferente. Fundamentalmente, um empreendedor não quer brincar no mesmo parquinho que as outras pessoas. Você pode até gostar de*

POR QUE FAZER COM QUE OUTRA PESSOA ENRIQUEÇA? **51**

lá, e de todo mundo que está brincando, mas acha que deve existir um melhor, ou diferente, ou uma nova maneira de brincar. Um empreendedor é, por natureza, um individualista bronco.

✦ *Por definição, o empreendedor é um sonhador, porque o que você está criando ou apresentando não existe em nenhum outro lugar do mundo, mas apenas um sua consciência. Você está olhando para uma página em branco e ansioso para preenchê-la.*

✦ *Um empreendedor tem de ter um sentimento muito forte de si mesmo e de força interior. No fim das contas, seja lá qual for o produto ou serviço que você esteja vendendo, você está apostando em si mesmo. Um empreendedor tem de gostar de brincar sem rede. Posso lhe garantir que a maioria das pessoas que pulam de* bungee-jump *são empreendedoras. Há muito risco envolvido e, se você não se energizar com o risco, você provavelmente não vai ser um grande empreendedor.*

✦ *Por natureza, o empreendedor tem de ser um curioso — dono de uma vontade de explorar e descobrir o que existe lá fora. Os empreendedores são a versão moderna de Ponce de Leon.*

✦ *Os melhores empreendedores são aqueles que possuem a capacidade de reunir as pessoas certas. No fim das contas, é isso o que faz a diferença. Você pode alinhar cem pessoas que têm todas as outras qualidades e elas irão do ponto A ao ponto B. Mas aquelas que chegam ao ponto Z são as que sabem administrar pessoas. Elas têm vontade de colaborar, dividir, motivar e estimular os outros. Elas conseguem pegar sua visão pessoal e espalhar por aí.*

Tudo o que você faz tem a ver com gente. Quando você contrata um fabricante, não está contratando uma fábrica, está se aliando à pessoa que administra a fábrica. E isso vale para todas as áreas de um negócio. Seu sucesso ou seu fracasso vai se determinar pela equipe que você tem à sua volta.

A GRANDE IDEIA

FERRAMENTAS DA GRANDE IDEIA
A BIBLIOTECA DO EMPREENDEDOR

Você está pronto para trilhar seu caminho? Aqui vão algumas sugestões inteligentes para sua biblioteca.

* *Employee to Entrepreneur: The Employee's Guide to Entrepreneurial Success*, de Suzanne Mulvehill
* *Earn What You're Worth*, de Nicole Williams
* *Zero to One Million: How I Built a Company to $1 Million in Sales*, de Ryan Alis
* *Prepare to Be a Millionaire*, de Tom Spinks, Kimberly Spinks Burleson e Lindsay Spinks Shepherd
* *CEO por acaso: As melhores lições de quem chegou ao topo*, de David Novak

---

Quando dizer "estou farto disso!"

Às vezes você toma a decisão, e às vezes a decisão é que lhe obriga a tomá-la. Às vezes você escolhe correr um grande risco, e às vezes você não tem nada a perder. Às vezes, você larga o emprego, e às vezes, você é demitido.

Ser despedido pode parecer o fim do caminho, mas também pode ser um começo. Algumas das pessoas mais bem-sucedidas por aí já foram despedidas. Já entrevistei Matt Lauer, que foi despedido de cinco programas antes de ir parar na NBC e se tornar uma das maiores estrelas da televisão. Mike Bloomberg foi despedido da Salomon Brothers antes de decidir ter seu próprio negócio. Eu fui despedido. Ser despedido pode ser um grande catalisador, dependendo de sua atitude. Se você se vir como uma vítima de circunstâncias fora de seu controle e deixar a amargura tomar conta de você, não vai adiantar

POR QUE FAZER COM QUE OUTRA PESSOA ENRIQUEÇA? **53**

nada. Se sair andando por aí dizendo "eles realmente me ferraram", você não vai se sentir motivado para se arriscar num novo sonho. Mas se olhar para essa demissão como uma nova oportunidade, você tem uma chance. Sempre detestei despedir pessoas. Realmente me acovardo nessas horas. Mas geralmente quando tenho de despedir alguém é porque essa pessoa não está emocionalmente envolvida. Ela precisa de um empurrãozinho para encontrar sua paixão. Essa é uma lição que aprendi com meu pai.

As pessoas geralmente me perguntam:

— Quando é que sei que está na hora de me arriscar num negócio próprio?

Bem, você já deve ter ouvido falar na frase "não largue seu emprego fixo". Essa é a postura mais avessa ao perigo. É preciso que haja um elemento de risco. Mas, na minha experiência, existem três circunstâncias que proporcionam a base perfeita para uma decisão empreendedora:

1. **Você já tem uma boa base.**
2. **Você tem uma plataforma de lançamento ideal.**
3. **Você não tem nada a perder.**

1. Tijolo por tijolo: preparando sua base

Fico incrivelmente impressionado quando encontro empreendedores que têm disciplina suficiente para olhar a longo prazo e preparar o palco de seu negócio por vários anos. Um dia um sujeito chamado John Ruf participou do programa. John foi motorista da UPS por 18 anos. Durante esse tempo, ele entregou milhares de cestas de alimentos finos e caixas de presentes para os clientes de seu percurso. Um empreendedor de coração, ele sabia que podia criar um produto que satisfizesse tanto aos amantes de chocolate como os de aperitivos. John teve a ideia de criar pretzels finos, cobertos de chocolate.

Com duas crianças para criar em casa, John não podia se dar o luxo de abandonar o emprego fixo. Ele e sua esposa se sentaram e fizeram um planejamento de cinco anos. Registraram a empresa com a marca The Great American Pretzel Company.

À noite e em seus dias de folga, John fazia as pesquisas e montava sua base. Ele começou montando um website, participando de feiras de negócios e atendendo a pedidos pelo telefone celular dos fundos de seu caminhão na hora do almoço.

Alguns anos mais tarde, John e sua mulher participaram de um QVC Discovery Tour. É um lugar onde sempre aparecem milhares de pessoas, você passa várias horas na fila e finalmente tem três minutos para vender seu produto. A QVC telefonou no dia seguinte e disse que não, não estavam interessados. Mas John não aceitava um não como resposta. Todo mês, por um ano e meio, ele mandava uma embalagem de presente para a QVC até que finalmente convenceu a emissora. Estava dentro.

> **Lição da Grande Ideia:** John Ruf fez um plano de cinco anos e teve paciência suficiente para acompanhá-lo até o fim. Foi recompensado com uma empresa que já estava pronta no primeiro dia.

No caso da The Great American Pretzel Company, o devagar e sempre acabou ganhando a corrida. John soube que estava na hora de largar o emprego quando a empresa ficou tão grande que não podia mais ser um trabalho secundário.

2. O movimerto na hora certa

Tenho um ditado: "Se você ganha X, provavelmente vale 5X." Os empreendedores mais bem-sucedidos são aqueles que entendem isso instintivamente.

Os criadores da Terra Chips se enquadram nesse formato. Eu adoro Terra Chips — eles são o salgadinho perfeito para uma festa. São a

POR QUE FAZER COM QUE OUTRA PESSOA ENRIQUEÇA? 55

invenção de dois chefes de cozinha, Dana Sinkler e Alex Dzieduszycki, que largaram seus empregos num restaurante quatro estrelas para fazer tudo acontecer.

Dana e Alex não eram funcionários infelizes. Eles adoravam o trabalho no Restaurante Lafayette. A motivação de ter sua própria empresa de alimentação se baseou num desejo de ir atrás do que eles mesmos valiam, em vez de enriquecer outras pessoas. O tempo mostrou que esses jovens empreendedores tinham aquilo de que precisavam — a visão para inventar um tipo de aperitivo em rodelas totalmente novo. Eles não estavam com a Terra Chips na cabeça quando começaram a empresa deles. Mas estavam abertos à possibilidade de criar um aperitivo de grife — algo diferente das coisas cruas que são passadas num molho, ou dos patês de *foie gras* mais requintados. Fazendo experiências na cozinha do apartamento de Alex, eles criaram a Terra Chips — rodelas doces, saborosas e multicoloridas feitas de tubérculos. De um dia para outro, os clientes para os quais eles organizavam banquetes e os convidados estavam implorando para saber onde podiam comprar mais e, só no primeiro ano, Dana e Alex

> **Lição da Grande Ideia:** Se você tem espírito empreendedor, pode encontrar a essência de seu potencial pessoal no que faz para outras pessoas.

faturaram mais de US$1 milhão com as rodelinhas. Depois de algum tempo, venderam o negócio por US$25 milhões.

3. Nada a perder

O contrário de formar uma boa base e um planejamento perfeito é abrir uma empresa pelo simples fato de não se ter nada a perder. Foi o que aconteceu com Ramy Gafni. Durante a década de 1990, ele era o maquiador mais procurado de Nova York, trabalhando para um salão que atendia à elite da cidade. Seus clientes incluíam celebridades como Halle Berry, Ivanka Trump, Meredith Vieira e Renée Zellweger Ramy era realmente um gênio criativo, com uma filosofia muito forte quanto ao papel da maquiagem. Ele teve a ideia de criar uma linha de cosméticos que atingiria o máximo de impacto cobrindo uma área mínima e repetidas vezes ele tentou vender essa ideia aos donos do salão e fazer com que eles adotassem uma linha própria. Foi rejeitado em todas as vezes.

Ramy ainda não estava pronto para mandar tudo às favas e seguir seu caminho. Mas um fato que ocorreu em sua vida interferiu nessa decisão. Com 30 e poucos anos, Ramy contraiu um linfoma. Enquanto passava por sessões de quimioterapia, o salão o demitiu. Só que o câncer o havia deixado mais forte. Ele aprendeu que quando algo grave acontece, ele não precisa cair junto. Sobreviver ao linfoma o deixou com uma mentalidade de "não há nada a perder". Ele não ia ficar esperando pela morte. Ele ia correr atrás de seu sonho. Pegou US$12 mil emprestados com parentes e começou a Ramy Cosmetics em seu apartamento. Atualmente, a empresa fatura cerca de US$11 milhões. E, só para constar, o salão em que ele trabalhava fechou.

> **Lição da Grande Ideia:** Ramy transformou a pior crise de sua vida em uma oportunidade para reconhecer que ele tinha o suficiente para sobreviver a qualquer situação.

FERRAMENTAS DA GRANDE IDEIA
APRENDA AS CORDAS QUE UM EMPREENDEDOR PRECISAVA PUXAR

* **Revista Millionaire Blueprints (www.millionaireblueprints.com):** Milionários que se fizeram por si mesmos mostram como se faz.
* **Startupnation.com (www.startupnation.com):** Conselhos empresarias do mundo real para novos empreendedores.
* **Revista *PINK* (www.pinkmagazine.com):** A revista para mulheres que fazem negócios.

POR QUE FAZER COM QUE OUTRA PESSOA ENRIQUEÇA? 57

* **Jen Groover Productions (www.jengroover.com): Apoio a inovadores com grandes ideias.**
* **OneCoach (www.onecoach.com): Treinamento de negócios para *start-ups* e pequenas empresas.**
* **Revista *Entrepreneur* (www.entrepreneur.com): A revista líder para pequenas empresas.**
* **Women Entrepreneurs, Inc. (www.we-inc.com): Uma fonte de treinamento, contatos e defesa para mulheres empreendedoras.**

REGRAS DO DONNY: CONTROL, ALT, DEL

Essa é uma expressão fácil de memorizar para se dar o pulo do empreendedor (baseada, é claro, nas teclas de atalho do computador para "reiniciar").

CONTROL: Você é movido a estabelecer seus próprios objetivos e expectativas, e não aqueles que os outros traçam para você. Nem todo mundo quer ser seu próprio chefe. Você é uma pessoa que se sente energizada quando a peteca cai em sua mesa, seja para melhor ou para pior?

ALT: Você está disposto a arriscar uma mudança em sua situação, mesmo que isso signifique uma redução temporária de seu padrão de vida. Você consegue aguentar o sacrifício que vai precisar fazer para que seu negócio decole? Sua família aguentará?

DEL: Você está pronto a deixar o passado para trás. Para a maioria das pessoas, o lugar de trabalho delas é a comunidade mais segura e confiável que elas possuem. Quando você sai do ninho, ele também fecha a porta para você. É apenas um fato. Você está pronto para criar um novo ninho com uma nova comunidade?

CAPÍTULO 4

É amor, e não um
trabalho

Qualquer um que diga que prefere trabalhar a fazer amor está mentindo — a não ser que o trabalho *seja* igual a fazer amor. É como encontrar o ponto G. Como já disse, as pessoas mais felizes são aquelas que amam aquilo que fazem.

Sempre ficamos empolgados quando pessoas assim participam do programa, porque elas parecem ter conseguido aquilo que a maioria achava que seria impossível. Todo mundo quer saber como elas chegaram lá. As histórias são engraçadas — e inspiradoras.

Prenda a respiração e mergulhe

Jeff Foxworthy ganhou uma fortuna com sua comédia "caipira", que também se transformou em discos, livros, filmes e um programa de televisão. É muito difícil imaginá-lo atrás de uma mesa na IBM, atendendo aos telefonemas dos consumidores, mas era isso o que ele fazia cinco anos antes de sequer se imaginar como comediante. Ele era, como ele mesmo diz, "apenas um cara com um trabalho chato".

60   **A GRANDE IDEIA**

Jeff sabia que era engraçado, mas o que é que ele podia fazer com isso? Ele não sonhava em subir num palco. Mas quando alguns dos seus colegas de IBM o incitaram a entrar num concurso de comediantes num clube perto da empresa, ele topou. De pé, em cima do palco, foi amor à primeira gargalhada. Ele também ganhou o concurso. E isso foi o suficiente para Jeff. Ele largou o emprego fixo.

— Quando contei aos meus pais, eles acharam que eu tinha enlouquecido — contou ele. — Minha mãe só falava: "Você está drogado? Nós podemos arranjar alguém para lhe ajudar." E eu disse que não, que queria tentar. Cinco anos depois, quando apareci no Johny Carson, minha mãe disse: "E pensar que você perdeu cinco anos na IBM."

A motivação de Jeff para mudar de vida foi simples.

— Eu não queria estar sentado ali, 25 anos depois, desejando ter feito uma tentativa. Eu queria saber, dando certo ou dando errado, se eu podia fazer sucesso.

Lição da Grande ideia: Jeff encontrou um nicho original num mercado disputado e teve a coragem de preenchê-lo, fazendo o que amava.

Uma vantagem que Jeff possuía — e que ocorre em todas as grandes jogadas empreendedoras — foi que ele encontrou um nicho sólido que não era atendido por outros comediantes. As comédias caipiras eram um território sem dono e ele viu uma oportunidade de atingir esse mercado através do humor.

O conselho de Jeff, que ele prega frequentemente a suas filhas, é que todo mundo precisa ter esses momentos de "prenda a respiração e mergulhe".

A arte do tesão

Se você analisar os criadores das histórias em quadrinhos, vai perceber duas coisas: a primeira é que eles adoravam desenhar histórias em quadrinhos quando crianças e, a segunda, que eles geralmente ficaram mais sérios e escolheram profissões mais "adultas" quando cresceram. Eu desconfio que poucas escolhas profissionais fazem os pais ficarem mais preocupados com os filhos do que quando uma criança avisa que "quando crescer, quero desenhar histórias em quadrinhos que vão ser publicadas no país inteiro". É por isso que a maioria dos desenhistas de quadrinhos começou por uma outra profissão.

Nesse caso, como foi que eles deram meia-volta e seguiram a sua paixão — além de ganharem milhões?

Nós recebemos a visita de Stephan Pastis, criador das tirinhas *Pearls Before Swine*, no *The Big Idea*, e ficamos encantados com a história dele. Embora Stephan desenhasse por puro prazer desde menino, seu trabalho na vida adulta foi como advogado do setor de seguros em São Francisco. Ele detestava, mas tinha uma família para alimentar, e se agarrava a isso.

Mas, um dia, no meio de um caso especialmente desagradável, Stephan aproveitou sua chance. Ele tirou um dia de folga e dirigiu até Santa Rosa. Tendo lido que o lendário Charles Schulz, criador do Snoopy, tomava café da manhã todo dia na mesma cafeteria, Stephan se dirigiu para lá e ficou em uma das mesas. E, como era de se esperar, Schulz entrou, sentou-se e pediu seu café. Suando em bicas e com uma certeza absoluta de que iria parecer um idiota, Stephan se dirigiu a Schulz, se apoiou num dos joelhos e disse:

— Sr. Schulz, eu sou advogado... — e, percebendo o olhar de medo de Schulz, logo acrescentou: — ... mas eu desenho.

Schulz pediu para que se sentasse e passou uma hora olhando os desenhos de Stephan e lhe dando algumas dicas.

Aquela foi a virada emocional de Stephan. Ele voltou para casa sabendo que tinha de fazer aquilo. Mas precisou de mais alguns anos de pequenos passos.

A primeira coisa que Stephan fez foi se informar sobre o negócio da reprodução dos quadrinhos em âmbito nacional. Ele soube que não havia como colocar uma tirinha num jornal sem passar por um

62 A GRANDE IDEIA

sindicato — e havia uns seis. Ele comprou um livro que ensinava como fazer aquilo, escolheu quatro temas diferentes e preparou trinta tiras de cada como amostra. Era uma montanha bem alta para se escalar. Os sindicatos recebem cerca de 6 mil propostas por ano e talvez escolham uma dessas histórias. Todos os sindicatos rejeitaram as tiras de Stephan, mas uma coisa continuou o impelindo à frente. Um editor da King Features escreveu uma nota à mão com a rejeição, dizendo que ele tinha um tom cativante. Esse pequeno incentivo fez com que ele seguisse em frente.

Stephan estava decidido a saber o que vendia. Naquela época, o desenhista que mais vendia era Scott Adams, criador do *Dilbert*, e assim, em sua hora de almoço, Stephan ia até a livraria mais próxima, sentava no chão e lia todos os livros do *Dilbert*. Isso o ajudou a aprender como escrever e como encontrar seu próprio ritmo e estilo.

Lição da Grande ideia: As pessoas querem ajudar — mesmo se arriscando a promover a concorrência. Não hesite em procurar mentores.

Finalmente, quando Stephen mandou uma nova tira — incluindo adesivos do rato e do porco, os personagens principais de *Pearls Before Swine* — ele recebeu um telefonema imediato da United Media. Eles assinaram um contrato com ele para escrever tiras em quadrinhos e ele foi parar no paraíso. Mas então houve mais uma reviravolta. Meses antes do lançamento da tira, quando Stephan estava pronto para abandonar seu emprego, ele recebeu um telefonema da United Media dizendo que não estavam conseguindo vender as histórias dele. Simplesmente não havia público. Stephan foi do topo da montanha até o fundo do poço quando ouviu as palavras que o estraçalharam:

— Você está dispensado.

Enquanto Stephan se conformava com a ideia de que estava sem alternativas, a United Media voltou a ligar. Eles iam fazer uma experiência e colocar as tiras no website deles — e ver se obtinham alguma resposta. E a resposta veio — do lugar mais improvável. O próprio Scott Adams viu as tiras, gostou e disse que iria avaliá-la junto aos fãs.

Pearls Before Swine estreou em janeiro de 2002 e Stephan saiu do escritório de advocacia em agosto do mesmo ano. Seis anos depois, as tiras de Stephan eram reproduzidas em 450 jornais e ele já tinha lançado dois livros de quadrinhos. Mas qual a maior recompensa? Felicidade. Como diz Stephan:

— Meu pior dia como desenhista é melhor que meu melhor dia como advogado.

Vivendo em voz alta

Esta aqui vai deixar você nas nuvens. Aos 42 anos, Judy Davids tomou uma decisão profissional que a maioria das garotas toma quando é adolescente. Ela decidiu virar uma estrela do rock. E tem mais. Ela não tinha qualquer formação nem sabia tocar nenhum instrumento! E de um dia para outro Judy passou da pele de uma mãe viciada em futebol para a de uma mãe roqueira.

Judy tinha a visão e a paixão, mas onde é que ela ia conseguir um palco? Ela deu o passo mais óbvio — começou a fazer aulas de guitarra em seu horário de almoço. Então, na churrascaria da vizinhança, ela convenceu três outras mães — igualmente sem experiência — a montar uma banda com ela e assim nasciam as Mydols. Seis anos depois, Judy compartilhou sua impressionante jornada no *The Big Idea*. O sucesso das Mydols era uma homenagem ao poder da atitude e da apresentação. Qual é a primeira coisa que faz uma aspirante a estrela do rock? Ela se apresenta como uma estrela do rock.

Lição da Grande Ideia: Seja ousado na hora de seguir o seu sonho. O mercado responde à ousadia.

— Acreditamos em nós mesmos e convencemos os outros a acreditar em nós também — disse Judy. — Usamos botas de cano longo e experimentamos várias tintas provisórias no cabelo. Fizemos umas camisetas... nada fala melhor "eu sou uma estrela do rock" do que camisetas fosforescentes com os dizeres "eu sou uma estrela do rock"... espalhamos alguns cartazes da apresentação pela cidade e demos a partida.

Elas fizeram a primeira apresentação depois de ensaiar somente seis vezes, com o anúncio "O dia das mães saírem de casa".

As Mydols eram tão originais e o estilo e apresentação da banda eram tão cativantes que a mídia foi até elas. Seguiram-se gravações, um website e vários endossos. E, sendo uma das únicas bandas de mães dos Estados Unidos, as apresentações nunca faltaram. Ser uma banda de rock ainda não as enriqueceu. Mas a recompensa é grandiosa de outras maneiras. A mensagem de Judy:

— Enquanto você tiver paixão, e se divertir, estiver sempre aprendendo e evoluindo, você pode fazer qualquer coisa.

Da hora da brincadeira ao dia do pagamento

Se você perguntar a Tracy Stern o que ela faz para viver, ela vai lhe dizer:

— Eu brinco todos os dias.

A vida inteira, Tracy foi fascinada por chá. Sua paixão começou quando ainda era menina e acompanhava os pais em excursões de compras de antiguidades europeias. Eles a incentivaram a colecionar bules e xícaras de chá e ela adorava se engalanar toda e receber as amigas para um chazinho. Mais tarde, quando foi estudar arte e história da arte na Europa, Tracy se viu circulando em volta dos salões de chá mais famosos da Europa e da Ásia. Quando voltou a Tampa, ela abriu um salão de chá inspirado nos salões franceses do século XVII. Depois disso, o próximo passo foi criar os próprios chás da casa — misturas caprichadas, elegantes e totalmente originais que levam assinaturas próprias. Entre eles estão o Músico (rooibos com hibisco e pétalas de rosa), o Autor (*chai* indiano com cardamomo, cravo e canela) e o Romântico (chá verde Chur She com flor de jasmim). Atualmente, o SalonTea é um negócio que cresce em ritmo acelerado pelo mundo, faturando US$1,5 milhão por ano.

— Sei que eu devia ser adulta — riu Tracy quando participou do *The Big Idea*. — Mas sou como uma criança que oferece um chá todos os dias.

O TESTE DA PAIXÃO DOS MILIONÁRIOS: VOCÊ ESTÁ REALMENTE FAZENDO O QUE AMA?

Você está preparado para fazer o que ama E ganhar milhões? Faça este teste e descubra.

1. **Quando era criança, o que você mais queria ser quando crescesse?**
2. **Mais importante que isso: Por quê? Que necessidade emocional esse sonho satisfazia?**
3. **Essa conexão emocional existe em seu trabalho atual? Como?**
4. **O que deixa você nas alturas? Se você tivesse três horas para fazer o que quisesse, o que você faria?**
5. **Como você poderia transformar isso em milhões? Que tipo de negócio poderia satisfazer essa necessidade emocional? (Faça uma lista.)**

RESULTADO FINAL: Você precisa encontrar uma maneira de usar seus interesses e talentos de adulto para satisfazer suas necessidades emocionais mais antigas. Pode ser preciso um pouco de tentativa e erro, mas existe um caminho onde você pode juntar tudo isso. Se puder se concentrar em todas as paixões de sua vida e tiver a motivação de ir atrás delas, você já está no caminho do sonho da prosperidade!

O poder da nostalgia

Você sente o desejo de ter algo mais na vida, mas não tem certeza do que é ou de onde ir buscar? Você está pronto para explorar esse lugar de puro prazer infantil — e ainda por cima viver disso? Como é que se começa? Faça uma viagem pela memória para uma cena de sua infância onde você pode se visualizar sendo feliz.

Rick Field trabalhou na televisão por 15 anos e bateu com a cara na parede ao fazer 40. Aquilo já não era mais o suficiente para ele. Rick sempre se lembrava das memórias felizes de sua infância, quando a família passava os verões em Vermont fazendo picles. Sem saber que direção sua vida iria tomar, ele começou a fazer picles em seu apartamento de Nova York — em parte para resgatar os sentimentos da infância e em parte porque ele simplesmente adorava aquela conserva. Isso passou de uma atividade casual para um hobby sério e uma obsessão — e, no fim das contas, um negócio: Rick's Picks. O momento da virada foi a vitória no concurso National Pickle Festival Best in Show de 2001. Cinco anos depois, Rick tinha se mudado de uma cozinha para uma fábrica e supervisionava uma rede de produtores regionais. O despertar de Rick foi o reconhecimento de que os momentos mais felizes de sua infância podiam literalmente se transformar em sua realidade adulta.

Em cada flash de nostalgia, existe uma pepita de ouro que é a verdade. A primeira vez que fiz o programa de televisão, senti um jato de prazer totalmente reconhecível. Onde é que tive essa mesma sensação? Olhando para trás, eu me vi aos 15 anos em minha aula de expressão oral. Cara, eu adorava aquela aula! Era a única a que gostava de assistir. Não parecia a escola. Era divertido. Eu escrevia discursos e dava um baile recitando-os com drama e humor. Eu tinha a turma na palma da mão e a sensação era ótima. Esse era meu verdadeiro eu — ser capaz de usar minha cabeça, minha voz e minha paixão para evocar uma resposta emocional nos outros. E agora faço isso todos os dias no *The Big Idea*.

REGRAS DO DONNY: O SALTO DO APAIXONADO

Em nossa sociedade toda acorrentada e encaixotada, a ideia de escolher uma carreira com base no amor parece uma loucura — tão maluco quanto saltar de uma ponte alta. Mas uma coisa que aprendi, de minha própria experiência e conversando com outras pessoas incrivelmente bem-sucedidas e felizes, é que não é tão assustador assim, nem tão louco. Pessoas que falam de entrar na sala do chefe e abrir mão do emprego para ir atrás de seus sonhos descrevem-se como entusiasmadas e seguras de sua decisão, até mesmo quando elas só têm alguns trocados no bolso. É muito raro eu ouvir alguém dizer "Ai, meu Deus, o que foi que eu fiz?". Eles sabem que fizeram o que é certo. Acredito que exista um lugar dentro de nós, onde sabemos o que deveríamos estar fazendo. E então é só uma questão de pular de cabeça.

Não existem gênios

CAPÍTULO 5

Tem de haver um jeito **melhor**

O que está incomodando você? E o que vai fazer em relação a isso?

Todo dia você se vê às voltas com obstáculos que o aborrecem e o frustram — coisas que o fazem perder tempo e causam um estresse desnecessário. Você tem duas opções: pode ir em frente ou dizer: "Tem de haver um jeito melhor e eu *vou* encontrá-lo."

O desejo de melhorar a vida tem sido uma constante na história da humanidade. É o catalisador mais fundamental para a ação. Ele vai ao cerne da motivação e da inteligência humana. Sem essa necessidade de melhorar, não haveria carros, aviões ou computadores. Aliás, também não haveria rolos de papel higiênico, grampos de cabelo ou canudinhos para bebidas. Toda vez que uma maneira melhor de fazer as coisas entra na arena do público, não há mais retorno. Você pode imaginar comprar um carro sem porta-copos?

Ninguém jamais ganhou milhões deixando tudo do jeito que está. Às vezes é uma coisa tão simples que me dá nos nervos, mas vejo isso o tempo todo. Pessoas brilhantes, atentas e criativas encontram um nicho que não está sendo preenchido ou uma maneira de resolver um problema que lhe atormenta. Se você constrói uma ratoeira melhor, o mundo vai fazer uma procissão para bater em sua porta. O truque é encontrar essa oportunidade. Ideias que valem milhões estão literalmente por toda a parte, esperando que alguém tropece nelas. Uma vez que você comece a pensar em sua vida cotidiana dessa maneira, você também vai percebê-las.

A mensagem que você deve ter em mente é que não é necessário pensar numa coisa inteiramente nova ou altamente complexa para que ela seja uma inovação vencedora. Você pode se concentrar num pequeno detalhe. Você não pode permitir que pensamentos do tipo "é simples demais, fácil demais" o impeçam de ir atrás de uma ideia em que você realmente acredita. Na maioria das vezes, quando uma ideia ou produto é "simples demais" ou "fácil demais" e não existe no mercado, você acabou de achar uma ideia que vale milhões!

Esse conceito orientador é a força motriz do *The Big Idea*. Eu adoro quando as pessoas vêm a meu programa porque transformaram uma frustração numa mina de ouro. Elas alcançaram algo preciosamente simples: resolveram um problema pessoal. Nesse mundo complexo e tecnológico, evidentemente, nem todas as ideias são simples. Mas as ideias com as quais eu mais me identifico são aquelas que evocam imediatamente um grande "pshhh!".

Sinta a necessidade

Em mais de 25 anos de propaganda, tornou-se uma espécie de segunda pele para mim o ato de procurar uma conexão humana e emocional entre um produto e seu público. O mercado não é uma entidade abstrata que você tem de encantar com seu gênio criativo. Ele é feito de pessoas reais com desejos e necessidades. Seu trabalho é mostrar a elas que você tem um produto ou serviço que agrega valor à vida delas. Se um produto não atende a uma necessidade, nem todo o marketing do mundo vai ser capaz de vendê-lo. Lembram-se do grande fias-

TEM DE HAVER UM JEITO MELHOR **73**

co que foi a New Coke? Por que fracassou? Não foi porque o produto era ruim, embora ainda haja uma certa controvérsia. Ela fracassou por uma razão muito simples: ela tentou resolver um problema que não existia. As pessoas gostavam muito da antiga Coca-Cola.

A necessidade pode ser totalmente banal. Aliás, em minha opinião, essas são as melhores ideias. Já entrevistamos Sara Blakely, criadora do Spanx, em nosso programa. O Spanx é uma inovação extremamente bem-sucedida nas roupas íntimas femininas, que fatura algo em torno de US$200 milhões. A Oprah dá seu aval ao produto. Tyra adora. Mas ele começou em um lugar mínimo. Em 2002, Sara vendia aparelhos de fax e copiadoras de porta em porta, tentando imaginar o que faria da vida. Ela sempre sonhara em ser advogada, mas não conseguiu passar no vestibular de Direito, e assim ela sabia que tinha que encontrar outro sonho. Em meio a tudo isso, a marca da calcinha aparecendo não era a maior de suas preocupações, mesmo assim a incomodava. Uma noite, ela teve a inspiração de cortar os pés da sua meia-calça para usar com as calcinhas brancas e sandálias que deixavam os dedos aparecendo. Funcionou muito bem e uma ideia havia nascido.

Com US$5 mil na poupança, Sara deu a partida para transformar sua ideia em realidade. Ela foi para a Carolina do Norte e dirigiu de confecção em confecção tentando arranjar alguém que fabricasse o produto. Fecharam a porta em sua cara todas as vezes. Nenhum daqueles homens entendia. Mas, finalmente, o dono de uma confecção que inicialmente a tinha rejeitado telefonou e disse que tinha mudado de ideia. Quando ela perguntou o motivo, ele respondeu:

— Tenho duas filhas.

O que mostra que, quando você acerta o alvo, a resposta vem.

De posse de um protótipo, Sara ligou para a encarregada de compras da Neiman Marcus e disse que estava a fim de pegar um avião para Dallas se ela pudesse recebê-la por dez minutos. A compradora aceitou e Sara foi fazer a apresentação mais sem-vergonha e eficiente

74   A GRANDE IDEIA

que ela podia imaginar. Adoro essa história, porque é engenhosidade pura. Ela levou a compradora até o banheiro das mulheres e demonstrou pessoalmente o antes e o depois. Três semanas depois, o Spanx estava nas prateleiras da Neiman Marcus.

Essa é a versão resumida da história. Ao todo, demorou sete anos para que ela se tornasse a incrível história de sucesso que é hoje. Mas a origem do Spanx foi simples, óbvia e resolvia um problema que toda mulher enfrenta.

Deixe-me contar mais uma coisa sobre Sara que é absolutamente a chave de seu sucesso. Ela não teve medo de fracassar. Escutem isto, senhores pais, porque esta é uma lição que ela aprendeu quando criança. O pai de Sara era um sujeito incrível. Uma vez por semana, na mesa de jantar, ele perguntava às crianças:

— Em que vocês fracassaram hoje?

E Sara aprendeu, desde muito cedo, que fracassar era apenas uma maneira de rumar para outra direção. Se ela tivesse passado no vestibular para Direito, ela não estaria onde está hoje. Ela entende perfeitamente que o fracasso é um golpe de sorte.

Lição da Grande Ideia: Se você for capaz de resolver um problema comum a um certo grupo de pessoas, pode ganhar milhões.

TRANSFORME SEUS SONHOS EM AÇÃO, DE RICH E JEFF SLOAN, DO SITE START-UP NATION

PASSO Nº 1: Tire uma fotografia da sua vida atual. Dê uma nota a sua vida de 1 a 100. Noventa por cento das pessoas provavelmente NÃO estão onde querem estar.

PASSO Nº 2: Imagine o quanto sua vida poderia ser grande. Faça uma lista de tópicos de como você quer que sua vida seja. O céu é o limite. Inclua também coisas como tempo com a família, hobbies, trabalho de caridade e aposentadoria.

PASSO Nº 3: Defina suas paixões. Pense nos tipos de coisas que você ama fazer, seja no trabalho, em casa, ou no bandejão local. Faça uma lista.

PASSO Nº 4: Defina suas forças e suas realizações. Faça uma lista das habilidades, experiências e forças que você pode usar para construir sua vida ideal. Tenha em mente que seus talentos não precisam vir exclusivamente de sua vida profissional. Faça uma lista dos talentos que você também desenvolveu em sua vida pessoal.

PASSO Nº 5: Pense em seu estilo de trabalho ideal. Seja em tempo integral ou em meio expediente, em casa ou na estrada, trabalhando nos bastidores ou interagindo com muita gente — entenda quais são as prioridades de seu estilo de trabalho, de modo que você possa definir qual o melhor tipo de negócio para você.

PASSO Nº 6: Escreva seu manifesto. Essa é sua missão pessoal, os seus valores e o que faz você seguir em frente, tudo resumido numa declaração de (no máximo) uma página. Para escrevê-lo, você deve se inspirar em tudo que você falou de si mesmo nos passos 1 a 5 e juntar tudo numa declaração clara de princípios e prioridades.

Cinco passos para encontrar um jeito melhor

Você quer se juntar ao clube das pessoas que se tornaram milionárias ao apresentar ao mundo um jeito melhor de fazer as coisas? Aqui vai minha fórmula — com exemplos que vão fazer com que você se atente às possibilidades. Prometo que você vai se inspirar na simplicidade dessas soluções — e na garra que foi necessária para transformá-las em realidade.

Minha fórmula para encontrar um jeito melhor de fazer as coisas possui cinco pontos básicos:

76 A GRANDE IDEIA

1. Reconheça.
2. Aproprie-se.
3. Faça.
4. Use.
5. Venda.

Vamos nos aprofundar um pouco mais.

1. Reconheça

Existe um ditado nos círculos de autoajuda segundo o qual o primeiro passo para a solução de um problema é reconhecer que você o tem. Essa também é a melhor sabedoria na hora de desenvolver um novo produto. Todo mundo tem problemas — encontre o seu e transforme-o em ouro.

Aqui está um exemplo de problema do consumidor que é universal: manter frescos os cereais, as batatas chips e outros produtos depois que o pacote é aberto. Estou certo? Bem, uma mãe levou isso a um nível superior. Denise Bein declarou:

— Estou muito cansada de jogar fora comida estragada e não vou mais tolerar isso.

Ela se sentou em sua cozinha e criou um fecho de pacotes que servia para qualquer caixa ou saco plástico, usando metade de um saquinho Ziploc com adesivo embaixo e uma abertura na parte de cima que podia ser aberta e fechada várias vezes.

Denise nunca havia feito ou vendido um produto antes, mas isso não a deteve. Ela preparou algumas amostras e começou a distribuir entre as amigas. A resposta foi avassaladoramente positiva. Finalmente, uma amiga disse:

— Adorei. O que você vai fazer com essa ideia?

Lição da Grande Ideia: Independentemente de quantos milhares de produtos existam no mercado, sempre há espaço para criar um jeito melhor de fazer as coisas.

TEM DE HAVER UM JEITO MELHOR   **77**

Denise respondeu:

— Vou descobrir uma maneira de desenvolvê-la.

E com isso ela se comprometeu, e nunca olhou para trás. Com muita pesquisa e o apoio de uma associação de inventores do Arizona, Denise encontrou um jeito de produzir um produto que revolucionou a despensa.

Esta aqui você vai adorar. Um problema que todo ser humano tem e que é um pouco delicado. Luc Galbert foi ao programa discutir sua solução para a questão muito real, mas que ninguém comenta, dos odores no banheiro. A ideia veio até Luc quando ele estava na casa da sogra e teve que ir ao banheiro. Sem nenhum aromatizante à vista, ele cogitou se trancar lá até morrer de vergonha. Naquele momento, Luc teve uma inspiração: "Acontece com todo mundo." O que aconteceria se fosse possível acabar com os odores do banheiro — não apenas disfarçá-lo com aromas florais, mas realmente se ver livre deles?

Durante o ano seguinte, Luc pesquisou o problema e no fim das contas se aliou a um fabricante asiático que inventou uma fórmula natural, não tóxica, chamada Just a Drop [Só uma Gota]. A ideia era pingar uma única gota no vaso sanitário antes de sair do banheiro e, como mágica, o odor desaparecia.

Luc testou o produto com todos os conhecidos. Ele deu garrafas a seu médico, dentista, amigos, vizinhos — e a resposta foi mais do que entusiasmada.

— As mulheres particularmente imploravam pelo Just a Drop. Diziam que era melhor do que terapia conjugal.

O Just a Drop é uma solução simplíssima. Não tenho a menor dúvida de que Luc vai ganhar milhões com esse produto. Ele já vendeu 600 mil unidades pela internet e na rede Wal-Mart do Canadá. Tudo porque enfrentou um momento de vergonha e decidiu que nunca mais passaria por isso.

> **Lição da Grande Ideia:** Se você acha que encontrou uma maneira melhor de fazer as coisas, seu mercado de teste mais eficiente são as pessoas que você conhece.

2. Aproprie-se

Se você tem uma necessidade e teve uma ideia de como atendê-la, não parta do princípio de que outra pessoa já teve a mesma ideia. Já ouvi muita gente menosprezar as próprias grandes ideias dizendo:

— É tão óbvio, tenho certeza de que já existe. Só que ninguém me avisou ainda.

A possibilidade maior é de que, se você não está vendo, é porque não existe mesmo. Mas teste a premissa. Faça sua pesquisa. Entre na internet e faça uma pesquisa de mercado e de patentes. Simplesmente faça uma busca. Ligue para diversos serviços de atendimento ao consumidor e diga "estou procurando algo que faça x, y e z". No decorrer da pesquisa, talvez você encontre um produto semelhante que não resolva o problema a seu contento. Ou talvez você encontre um grande vazio — o que significa que o universo está totalmente aberto para você.

Quando Christine Ingemi, criadora dos fones de ouvido iHearSafe, foi às lojas de artigos eletrônicos procurar um produto que automaticamente baixasse o volume dos eletrônicos a um nível de decibéis mais baixo, ela ficou assustada ao descobrir que um produto assim não existia. Mãe de quatro filhos que viviam plugados no iPod, Christine ficava muito preocupada com os efeitos de longo prazo do som muito alto naqueles ouvidos sensíveis. Como muitos pais, ela leu os estudos alarmantes sobre os danos que podem ser gerados pelo bombardeio constante de som. Ela tentou utilizar o limite de volume controlado pelos pais, mas os filhos faziam verdadeiras mágicas com o botão que reconfigurava o aparelho.

Quando Christine descobriu que não havia um produto infalível que diminuísse o volume dos fones de ouvido, ela podia simplesmente ter ido embora dizendo:

— Espero que alguém invente isso antes que meus filhos estourem os tímpanos.

TEM DE HAVER UM JEITO MELHOR   **79**

Ela podia ter rezado aos deuses do desenvolvimento de produto para, por favor, oferecer uma solução. Ou podia ter confiscado os iPods. Em vez disso, ela mesma decidiu inventar aquilo de que precisava.

Agora você tem de ver o quanto isso é impressionante. Christine e seu marido, Rick, eram donos de uma empresa de máquinas de venda de chiclete em New Hampshire. Eles não entendiam nada de tecnologia e não tinham nenhum contato no meio.

Então eles foram aprender. Entrevistaram dezenas de especialistas em desenvolvimento de produto e patentes. Eles se encontraram com audiólogos e cientistas que garantiram que podiam fazer um produto de alta qualidade. O resultado, os fones de ouvido iHearSafe, se parecem com os modelos comuns com dois plugues que se encaixam confortavelmente no ouvido, só que com uma diferença: um pequeno circuito redutor de volume que impede o som de ultrapassar 85 decibéis — nível considerado seguro pelos audiólogos — foi inserido ao longo do fio do botão de ouvido.

O próximo passo era colocar o produto diante do público certo. E esse é um bom exemplo de ousadia de principiante. Christine ouviu falar de uma convenção de perda de audição em decorrência de ruídos que se realizaria no Kentucky. Não haveria lugar melhor para demonstrar o produto, certo? Ela pegou um avião e foi até o local, apenas para ser barrada porque não estava inscrita.

— Não era isso o que iria me deter — ela disse.

Christine foi até um engraxate nas proximidades e pagou ao cara US$50 para deixá-la montar ali sua demonstração. Ela estava posicionada diretamente no raio de visão dos participantes da convenção que entravam e saíam das reuniões.

— Naquele dia, eu fiz muito barulho.

> **Lição da Grande Ideia:** Você não precisa ser um especialista ou um técnico no assunto para inventar uma nova tecnologia. A chave é a ideia. Depois, vá procurar as pessoas que saibam a técnica.

80   A GRANDE IDEIA

E assim ela continuou. Christine literalmente inventou uma nova categoria num mercado que só faz crescer a cada dia.

PROTEJA SUA IDEIA

Um aspecto-chave de "apropriar-se" de uma ideia é torná-la oficial. Se sua invenção for realmente original, proteja-a com uma patente. Uma patente é um direito de propriedade concedido ao inventor. No Brasil, esse certificado é expedido pelo Instituto Nacional de Propriedade Industrial (INPI). O processo pode ser longo e complicado, por isso é bom procurar os serviços de um advogado de patentes. O INPI tem um website excelente (www.inpi.gov.br) que dá todos os detalhes que você precisa saber para começar.

O que uma patente proporciona? Ela lhe dá o direito de impedir que outros produzam, usem, ofereçam ou vendam sua invenção em território nacional.

O que é uma patente provisória? Um pedido provisório de patente é um formulário de custo mais baixo que permite ao inventor usar o termo patente pendente. É uma maneira de proteger temporariamente sua invenção até você estar pronto para mandar um pedido completo.

O que é uma marca registrada? É uma marca de identificação — um nome, uma logomarca ou um símbolo que individualize seu negócio. Registrando-a, você passa a constar como dono dela.

---

3. Faça

Se você tem uma ideia para um novo produto com o qual você acha que pode ganhar milhões, o primeiro passo é tirar isso da cabeça e ver como você pode realizá-la.

TEM DE HAVER UM JEITO MELHOR **81**

Se a ideia for simples, você pode se sentar e criar um protótipo. Já recebi muita gente em meu programa que fez protótipos de cartolina, cola, sacos de papel, canudos, pedaços de plástico, grampos de cabelo, o que for. A sofisticação que se dane. O importante é que você tem de ser capaz de provar que seu produto funciona.

Lisa Lloyd, uma jovem dinâmica e empreendedora, foi ao programa e nos deixou de queixo caído com a simplicidade de seu processo. Lisa inventou o French Twister, um grampo de cabelo que torna mais fácil fazer o que é conhecido no Brasil como "coque banana", mesmo se o seu cabelo for curto. Lisa era uma mãe solteira que ganhava US$13 mil por ano vendendo anúncios de publicidade, portanto estava começando do zero. Ela fez experiências com objetos comuns, cortando rolos de papel higiênico, dobrando grampos, modelando pequenos pedaços de plástico até que chegou ao modelo certo. Foi uma operação completamente sem sofisticação.

Lisa experimentou vários tipos de plástico, até chegar a um que parecia o certo. Ela continuou aperfeiçoando o design até estar convicta de que tinha encontrado o grampo perfeito.

Agora a pergunta era: como fabricar esse grampo de cabelo? Ela vendeu o carro por US$500 e pegou mais US$200 emprestados com a mãe e encontrou uma loja de modelagem plástica numa pesquisa na biblioteca. Depois de produzir quinhentas unidades, ela foi aos salões de cabeleireiro. O produto mostrou ser um estouro entre as clientes. Por quê? Porque funcionava. Era uma maneira instantânea de ficar glamurosa, independentemente do tipo de cabelo. Não é algo que as pessoas amam?

Quando você inventa um novo produto, precisa definir se quer fabricá-lo e vendê-lo pessoalmente, se associar a um fabricante ou fazer um contrato de licenciamento com uma empresa já existente. Lisa queria o licenciamento, mas não entendia nada de empresas de prendedores de cabelo. Então, ela fez o óbvio — foi até as lojas e começou a anotar os nomes que apareciam nas embalagens de prendedores. Um que ela gostou, Scunci, tinha o endereço e o número de telefone na própria embalagem. Ela decidiu ligar para eles.

82 A GRANDE IDEIA

Lição da Grande Ideia: Se os seus amigos lhe dizem que amam o jeito com que você faz alguma coisa — seja como você arruma o cabelo, ou prepara um brownie — você pode estar sentado sobre uma ideia de US$1 milhão.

Isso foi logo antes do Natal e a Scunci estava fechada, mas um homem atendeu o telefone. Não, não era o zelador. Era o dono, que estava lá para trabalhar na paz e na tranquilidade do feriado. Ele ouviu a história de Lisa e um princípio de contrato começou a ser costurado naquele dia.

O French Twister mudou a vida de Lisa. Com um investimento total de menos de mil dólares, ela criou um produto que já faturou mais de US$30 milhões em vendas no varejo.

4. Use

Seu melhor mercado de testes é seu próprio quintal. Alicia Shaffer, fundadora da Penaut Shell Baby Sling, encontrou o sucesso pegando sua criação e a usando em público. Alicia tinha acabado de ser mãe e queria ter o bebê perto dela, mas queria continuar a ser capaz de usar as mãos, caminhar e fazer tudo o que precisava fazer. Ela tentou vários suportes para bebês que existiam no mercado, mas achou que todos eram muito desconfortáveis, grandes ou cafonas demais. Ela queria um suporte para bebê com estilo que a fizesse se sentir bem e que também fosse elegante, mas isso simplesmente não existia no mercado. E assim ela decidiu criar a sua própria versão. Ela cortou um lençol, levou a uma costureira local e criou um canguru bonito e confortável.

— Eu fiz só para mim — ela contou. — Não pensava naquilo como um produto.

Mas então Alicia passou a usá-lo em grupos de mães e foi bombardeada.

— Amei isso... Onde você comprou?... Poderia fazer um igual para mim?

Ela fez para dez outras mães e depois para mais dez e mais dez. Literalmente, seguiu pequenos passos.

Alicia e o marido decidiram fabricar o produto, chamando-o de Peanut Shell [Concha de Amendoim], em homenagem ao apelido que deram ao bebezinho deles.

Lição da Grande Ideia: Se você possui, exiba. Ao vestir sua criação em público, Alicia criou um impacto que virou uma bola de neve num negócio que fatura US$10 milhões.

Na época em que Alicia apareceu no *The Big Idea*, possuía uma pequena empresa em andamento. Ela queria então passar para o próximo nível e sua entrevista chamou a atenção de um representante de compras da Babies "R" Us. Em algumas semanas, eles estavam fazendo negócios on-line com a empresa e pouco depois já estavam nas lojas.

Tudo isso serve para mostrar que os amigos e a família são sua melhor ferramenta de propaganda e marketing. Mas conseguir o apoio de uma celebridade também não atrapalha. Quando alguém famosa está prestes a ter um bebê, Alicia faz questão de mandar um Peanut Shell. Entre seus fãs da alta roda estão Brooke Shields, Heidi Klum, Denise Richards, Gwen Stefani e Marcia Cross.

E não podemos falar de *vestir* o produto sem falar de Scott Jordan. Scott era apenas mais um advogado estafado sem tesão pelo trabalho. Ele não estava necessariamente procurando uma grande ideia — mas uma apareceu e o mordeu. Scott era um cara todo equipado e esses apetrechos estavam-no levando à loucura. O fio do iPod estava sempre embaraçado. O telefone celular nunca se encontrava ao alcance da mão. Ele sempre tinha de carregar muita coisa. E assim Scott se perguntou: "E se eu pudesse *vestir* meu equipamento?"

Em 2001, utilizando-se de sua poupança, ele largou o emprego num megaescritório de advocacia e fundou a Gear Management Solution, com a ideia de desenvolver roupas tecnologicamente avançadas. Seu conceito era um colete ou um paletó capaz de guardar, sem aparecer, todos os equipamentos da vida moderna. Scott não tinha

84 A GRANDE IDEIA

experiência em fabricar produtos, e assim ele contratou uma equipe de designers e engenheiros para lhe dar aconselhamento técnico. Ele estava particularmente interessado em aprender sobre os diferentes equipamentos que as pessoas carregam e como elas os utilizam. Ele percebeu que sua invenção tinha que dar um acesso fácil a esses apetrechos, mas sem que ficassem fazendo volume nos bolsos. Scott também não queria que a roupa fosse pouco atraente ou destinada apenas a fanáticos por informática. Ele queria um design elegante, algo que pudesse interessar a vários tipos de consumidores, de empresários a estudantes.

O resultado foi o SCOTTEVEST, que ele demonstrou no *The Big Idea*. O paletó de Scott tinha estilo e parecia feito sob medida e, assim, ficamos muito impressionados quando ele começou a tirar apetrechos de 22 bolsos escondidos. Que invenção!

Vestir seu paletó no *The Big Idea* foi muito recompensador para Scott e ainda chamou a atenção de um de seus ídolos, Steve Wozniak, cofundador da Apple. Wozniak mandou um e-mail para Scott e o jogou nas nuvens com suas palavras entusiasmadas:

— Eu conto a história da Apple, mas a sua é muito mais relevante para todos os colegas empreendedores que estão por aí. Em todo o lugar que vou, há dezenas ou centenas de pessoas com rostos famintos que adorariam ouvir sua história. Adoro meus produtos Scott, mas [ainda] não uso o suficiente. Estou sempre tão ocupado que nem sequer guardo minhas roupas num armário, mas empilhadas no chão (no entanto, meus coletes eletrônicos estão nos cabides). Meu filho usa seu colete há anos e em todo lugar a que vai, ele tem tudo. Ele se diverte nos aeroportos! Sou um verdadeiro fã seu e vou mandar esse vídeo para minha lista. Não posso dizer o quanto me orgulho em conhecê-lo! Com as maiores saudações, Woz.

Lição da Grande Ideia: Nada é mais forte quando chega a hora de lançar um novo produto do que uma demonstração visual.

Isso só demonstra que, se você vestiu sua ideia, os clientes vão aparecer!

5. Venda

Antes que o mundo vá bater à sua porta, você precisa mostrar que existe. Muita gente engasga na hora de vender uma ideia, especialmente se elas sempre foram tímidas. Você não precisa ser particularmente carismático ou sociável para vender. Você só tem que acreditar em seu produto.

Nunca se esqueça de que os compradores também são pessoas. Eles têm os mesmos problemas que todo mundo. Se você apelar para as necessidades emocionais deles, você pode entrar no jogo.

Pense em como você pode estabelecer essa conexão pessoal. Você se lembra da demonstração que Sara Blakely fez no banheiro? Ela deu sorte porque a compradora da Neiman Marcus era mulher. Mas Sara foi a outro nível. Ela apelou para a compradora como uma pessoa que poderia precisar usar pessoalmente o produto. (Sou capaz de apostar que essa primeira compradora usa Spanx até hoje.)

Encarregados de compras gostam de fazer parte da nova onda, mas você tem de estar disposto a dividir os riscos. Você não pode simplesmente dizer: "O produto está aqui. Acho que ele vende. Boa sorte." Não deixe que os compradores arquem com todo o risco. Alicia Shaffer foi inteligente com o *sling* canguru Peanut Shell. Ela o levou às butiques infantis locais e disse:

— Se não vender em duas semanas, nós compramos de volta.

Ela os transformou em sócios na venda — e foi recompensada.

Denise Bein, criadora do Quick Seals, encarou uma enorme barreira quando tentou colocar seu produto nas cadeias varejistas. Ela não teve problema para efetuar a venda. Os compradores adoraram o produto e queriam assinar contrato com ela. O problema surgiu quando eles mandaram a papelada e ela descobriu o que era preço de prateleira — o valor que se cobra para o produto aparecer com a maior visibilidade. Todas as lojas têm os seus.

86   A GRANDE IDEIA

Quando Denise percebeu que só entrar nas lojas poderia custar de US$20 mil a US$50 mil, ficou chocada. Ela não tinha esse dinheiro e isso podia ter aniquilado todo o contrato. Mas em vez de jogar a toalha e cair no esquecimento, ela encontrou um jeito melhor de exibir seu produto. Ela inventou um display do tipo "Experimente" que podia ser colocado em qualquer lugar da loja. Sem preço de prateleira. Denise estava dentro. Sempre existe outro caminho.

REGRAS DO DONNY: AQUILO QUE SALTA AOS OLHOS

Todo dia no programa olhamos os novos produtos e perguntamos: "Esta é uma ideia de US$1 milhão?". Examinamos centenas de filmagens que nos são enviadas, procurando por aquilo que salta aos olhos — a ideia que nós entendemos na hora. As melhores são aquelas que podem ser descritas numa única frase. Mais tarde, vamos falar do discurso de vendas perfeito, mas uma coisa deve ficar clara: se você não consegue descrever seu produto numa só frase, você precisa voltar à prancheta. Por quê? Porque a grande ideia que realmente atrai as pessoas tem de despertar uma reação visceral e imediata.

Nós sempre pedimos aos nossos convidados para terminar a frase "Tem de haver uma maneira melhor de...". Aqui estão alguns discursos muito claros de participantes do nosso programa:

"Tem de haver uma maneira melhor de... eliminar odores no banheiro" (neutralizador de odores Just a Drop).

"Tem de haver uma maneira melhor de... cortar pães redondos sem perder um dos dedos" (Bagel Guillotine).

"Tem de haver uma maneira melhor de... esconder as alças do sutiã" (Strap Tamers).

"Tem de haver uma maneira melhor de... eliminar a marca visível da calcinha" (Spanx).

Em todos esses casos, o discurso de vendas é rápido e direto. Acerta o alvo.

CAPÍTULO **6**

Por que EU não pensei nisso?

Aquilo está olhando para você, batendo em sua cabeça, é tão óbvio que você não pode imaginar como nunca pensou em inventar aquilo. Mas você não pensou, e alguém sim — e essa pessoa está ganhando milhões.

Então qual é a diferença entre aqueles que partem para o topo e os que dão um tapa na própria cabeça? Vamos dar uma olhada em alguns dos fatores decisivos. Entre eles:

Um momento de iluminação
Um toque diferente
Um mercado cativo
Uma visão do futuro

Um momento de iluminação

As grandes ideias sempre existiram, mas é preciso um momento de iluminação para que seu potencial oculto seja percebido. É a hora em que você assimila a necessidade e percebe que pode ser a pessoa a

88 A GRANDE IDEIA

fazer alguma coisa sobre ela. O momento de iluminação é a base de lançamento de sua ideia e ele geralmente acontece nos ambientes mais banais.

Jill Starishevsky era uma veterana com nove anos de trabalho na promotoria pública de Nova York, onde cuidava da acusação de crimes sexuais e abuso infantil. Ela também tinha dois filhos, portanto suas antenas estavam ligadas quando ela foi almoçar num parque da cidade. Ela notou duas meninas brincando no meio das árvores. Jill continuou olhando enquanto as duas garotas se aproximaram de uma mulher que estava lendo um livro. Parecia ser a babá, mas não estava com a atenção voltada para as crianças. Enquanto terminava o almoço, Jill continuou observando-as, preocupada, pensando que elas pudessem se afastar ou até mesmo ir para a rua. Como promotora pública, ela sabia como um acidente pode acontecer rapidamente quando crianças são deixadas sem monitoramento. Ela bem que gostaria de ter avisado aos pais das meninas sobre a desatenção da babá, mas não sabia como entrar em contato.

A própria Jill era uma mãe que trabalhava fora e tinha a certeza de que gostaria de ser informada se a babá que ela contratara estivesse agindo com negligência. E foi assim que ela teve a ideia da HowsMy-Nanny. Os pais se registram no website e recebem uma pequena placa de licença que é presa num carrinho de bebê. As pessoas que observarem um mau comportamento (ou bom comportamento) podem denunciá-lo ao site anonimamente e os pais são avisados.

Lição da Grande Ideia: Veja e faça. Se você consegue imaginar uma necessidade, você pode ser a pessoa que encontrará uma maneira de atendê-la.

E então, será que esse momento de iluminação de Jill levou-a a lançar um negócio de um milhão de dólares? No programa, nós lhe fizemos sugestões sobre como fazer o negócio crescer, inclusive se associar a agências de babás e criar adesivos de carros. Jill está fazendo avanços graças a uma grande publicidade na mídia e se aliando a grupos que compartilham sua paixão por proteger as crianças. Acho que esse é um projeto vencedor — e tudo começou com um momento de iluminação.

O momento de iluminação de Brian Quittner veio no trabalho. Brian era um veterano que trabalhava havia 14 anos na guarda costeira de Santa Barbara, um ofício que podia ser perigoso — e no escuro. Ele sempre carregava uma lanterna e, quando precisava usar as duas mãos, alojava-a debaixo do braço. Certa noite, enquanto escrevia uma notificação, a lanterna caiu no chão e quebrou, deixando-o no escuro.

Uma lâmpada se acendeu sobre a cabeça de Brian. Ele precisava de uma luz confiável que deixasse suas mãos livres. De volta à base, Brian fez o esboço de um protótipo para um aparelho leve e que não precisasse ser carregado pelas mãos, que coubesse na camisa do uniforme. Sua invenção continha alguns aperfeiçoamentos que ele sabia que estimularia os colegas — como uma lâmpada ajustável e um dispositivo para economizar bateria. E, evidentemente, ele tinha de ter certeza de que o design não impediria a visão noturna.

> **Lição da Grande Ideia:** Comece com uma necessidade específica e direcionada e cresça a partir daí. A QuiqLite de Brian fez exatamente isso.

A resposta inicial à invenção de Brian, que ele batizou de QuiqLite, foi tão entusiasmada que ele sabia que topara com uma oportunidade de negócio. Num curto período de tempo, ele e sua esposa, Rachel, estavam atendendo a pedidos do mundo inteiro, tendo a sala de casa como sede da empresa.

A visão inicial de Brian era produzir uma lanterna que atenderia às necessidades de pessoas como ele. Ele nunca imaginara que beneficiaria um outro grupo. Hoje, milhares de pessoas usam a QuiqLite em praticamente todos os setores de atividade, de departamentos de polícia até a indústria, de companhias aéreas até múltiplos braços dos governos. Ela também é muito popular entre pessoas que trabalham ao ar livre e estudantes.

90 A GRANDE IDEIA

O sucesso de Brian com a QuiqLite levou-o a outras invenções, como a Night Nurse [Enfermeira Noturna], uma fonte de luz que não ocupa as mãos, própria para os profissionais do setor de saúde, e, para aqueles que têm de acordar no meio da noite para ver porque um bebê está chorando, a QuiqLite Babeebrite.

Uma nova sacada

Toda mercadoria que você vê à venda pode ser uma nova oportunidade, se você encontrar uma nova direção. David Roth e Rick Bacher fizeram isso com seu novo e brilhante conceito, a Cereality. Os cereais são uma marca da vida moderna. Não há nada de novo nisso. O que há de novo com a Cereality é que David e Rick pegaram o produto e encontraram uma maneira de captar esse estilo de vida, que eles chamaram de "a experiência do sábado de manhã". Eles criaram uma lanchonete de cereais em que as pessoas podiam escolher entre trinta tipos de cereais e quarenta tipos de cobertura e serem servidas por funcionários de pijama. Essa "casa de cereais longe de casa" capta o ritual de comer cereais e o papel que essa experiência desempenha na vida dos dias de hoje.

A primeira Cereality foi aberta em 2003 perto do *campus* da Universidade do Arizona — onde havia um grande público-alvo — e desde então abriu três outras lojas, e fechou contratos com 26 franqueados. É uma ideia tão boa que outras pessoas tentaram copiar, mas David e Rick foram muito agressivos em registrar a marca e proteger a ideia. No entanto, a melhor proteção é continuar crescendo.

Lição da Grande Ideia: Promova o estilo de vida e não o produto. A que necessidade humana você está respondendo?

Considero que a Cereality é um golaço nos moldes da Starbucks — uma empresa que transforma um produto já existente, em algo novo entendendo a necessidade emocional do consumidor e criando uma experiência de estilo de vida.

Michael Kirban e Ira Liran encontraram uma nova sacada dando um jeito de pegar um produto característico do Brasil e trazê-lo para os Estados Unidos. Gostei da história porque ela não só foi muito bem-sucedida, como a ideia teve origem numa atmosfera de sedução. Adoro uma boa história de como um garoto conhece uma garota e ainda tem uma grande ideia!

Michael e Ira estavam paquerando duas brasileiras num bar de Nova York. Quando eles perguntaram às garotas do que elas mais sentiam falta do país, a resposta foi instantânea:

— Água de coco.

E as duas fizeram os maiores elogios à sua bebida brasileira favorita.

Adiantemos nosso relógio em um ano e Ira já está casado com uma das brasileiras. Ele foi com ela ao Brasil, onde descobriu a verdade da afirmação que ela havia feito. A água de coco era muito boa. As pessoas não conseguiam parar de tomar. Ele ligou para seu amigo Michael, ainda em Nova York, e os dois começaram a elaborar um plano para importá-la para os Estados Unidos. Eles sabiam que não ia ser fácil de vender porque os americanos simplesmente não bebiam aquilo. Enquanto Ira trabalhava no desenvolvimento do produto no Brasil, Michael começou a contatar donos de lojas. O plano era vender a água de coco Vita Coco como "férias numa garrafa". No início, a resposta foi negativa.

— Um varejista disse: "Parece água viscosa" — contou Michael.

O sucesso veio quando eles pararam de vender um sonho e passaram a vender algo funcional. O produto tinha as características de uma poderosa bebida esportiva. Era cheio de eletrólidos, potássio e minerais. Michael começou a

Lição da Grande Ideia: No fim das contas, o mundo é pequeno. Se você encontrar a jogada certa, um campeão de vendas estrangeiro pode virar o queridinho nacional.

vender a bebida como um reidratante natural e fez sua primeira grande venda para um grande varejista. Hoje, a água de coco Vita Coco está presente em 5 mil lojas, academias, cafés e casas de sucos nos Estados Unidos. As vendas alcançaram US$4 milhões no ano passado.

Por trás de toda nova ideia existe uma necessidade de séculos. Se você está pensando "que grande ideia!", existe uma chance de que outras pessoas tenham tido a mesma inspiração. Antes de qualquer outra coisa, comece pela pesquisa. Alguns dos negócios mais bem-sucedidos são novas sacadas a respeito de antigas ideias. Por exemplo, as pessoas fazem e vendem pretzels desde a Idade Média, mas veja quantas empresas de pretzels foram fundadas nas últimas décadas.

Um mercado cativo

Sempre me surpreendo com o número de vezes que vejo as pessoas respondendo à pergunta "quem é o seu público-alvo" com a resposta "ué, todo mundo". Você pode até pensar que seu mercado é o mundo inteiro, mas os empresários mais bem-sucedidos são aqueles que encontram um nicho cativo. Você sempre pode se expandir quando já estiver correndo. Fico impressionado com empreendedores que reconheceram um nicho estreito e desenharam um produto ou serviço para atendê-lo e depois foram capazes de ampliá-lo para outras categorias.

Um dos maiores mercados cativos está nos *campi* das faculdades. Universitários são os melhores consumidores, eles respondem aos discursos de estilo de vida e estão dispostos a pagar por isso. É impressionante como muitas grandes ideias são lançadas no mercado das universidades.

A essência da ideia de Brian Altomare para um negócio que fizesse a mudança de um universitário para dentro e para fora dos dormitórios nasceu de sua própria experiência. Quando começou a faculdade, ele tinha uma tonelada de coisas para carregar para o dormitório. Os pais de Brian

Lição da Grande Ideia: Não comece vendendo para o mundo. Venda para a sua própria vizinhança e o mundo virá a seguir.

encheram o carro até a boca, só para ver um pneu estourar na estrada. Essa foi apenas mais uma mudança horrível e estressante para a faculdade, entre milhares de outras que aconteciam ao mesmo tempo em todo o país. Enquanto sentava desolado no acostamento da estrada esperando o reboque, Brian fantasiava ver suas coisas sendo transportadas num passe de mágica para seu dormitório. Mas a ideia da MadPackers não se formou realmente até quatro anos depois, quando Brian, recém-formado, começou a pensar no que ia fazer da vida. Foi aí que ele levou a sério uma ideia que já andava rondando sua cabeça desde aquele fatídico estouro de pneu na estrada — uma maneira fácil de transportar e retirar a mudança dos dormitórios dos universitários. Ele criou o nome MadPackers e pagou a um sujeito da faculdade para desenhar o website. E então começou a ligar para as universidades para vender a ideia. Todas adoraram, mas se mostraram relutantes em apoiar o plano até que ele tivesse realmente uma infraestrutura. O problema foi resolvido quando a Universal Express, uma empresa de transporte de bagagens, concordou em se associar a ele. Dali, a MadPackers decolou, com um mercado cativo no valor de US$2 milhões por ano — até agora.

Uma visão do futuro

Por sua própria natureza, uma nova invenção é inspirada por uma visão do futuro. Como Noel Lee, criador do Monster Cable, descobriu, toda ideia revolucionária antevê a consciência pública de uma necessidade. Em 1978, ele era um engenheiro de design de fusão a laser no Laboratório Nacional Lawrence Livermore em São Francisco. Ele também era baterista da banda Asian Wood e um audiófilo dedicado, sempre à procura de novas maneiras de melhorar a qualidade do som. A inovação que produziu o Monster Cable partiu da percepção de Lee de que nem todos os cabos eram iguais em matéria de desempenho de áudio. Seus cabos de caixa de alta performance melhoravam o desempenho quando ligados aos alto-falantes e foram um grande sucesso.

Mas não deu certo de um dia para outro. O mundo não estava pedindo um novo cabo e Noel se deparava com o dilema de todos os visionários — convencer as pessoas de que elas precisavam de uma coisa da qual não sabiam que precisavam.

— Eu tinha um produto que ninguém queria — contou Noel no *The Big Idea*. — Quem quer um fio melhor?

Noel sabia que, para fazer uma frente, tinha que levar seu cabo à exposição da Consumer Electronics Show. Lá foi ele, de carro até Chicago sem nada a não ser caixas de papelão e um saco de papel cheio de Monster Cables. Ele conseguiu parte de um estande emprestada para fazer uma demonstração do seu produto ao lado dos cabos comuns. O interesse foi médio. Noel ainda estava à frente de seu tempo. A grande tacada do Monster só viria no evento do ano seguinte, quando conseguiu um pedido monstruoso — trinta mil cabos — que

Lição da Grande Ideia: Se a sua visão for revolucionária, o mundo vai acabar o descobrindo — depois de algum tempo.

teve dificuldade para entregar. Seu sucesso o pegou de surpresa. Com acesso direto a pessoas que ele não encontraria de outra maneira, o evento deu a Noel e à sua pequena empresa oportunidades infinitas. Atualmente, a Monster continua sendo uma empresa de capital fechado, com faturamento anual na casa dos US$500 milhões.

Sua ideia vai ganhar milhões?

Você sente um frio na barriga quando pensa em levar sua ideia ao mundo? Esse já é um grande primeiro passo. Mas antes de ir em frente, você precisa pôr os pés no chão e descobrir se sua ideia passa no teste do sucesso empresarial. Vamos fazer uma pequena verificação realista, partindo de algumas questões fundamentais.

Uma dos quadros do programa *The Big Idea* se chama "Minutos para milhões". Nós trazemos um empreendedor que esteja convicto de que seu produto vai ganhar milhões de dólares e então perguntamos a um painel, composto de pessoas que atingiram exatamente esse objetivo, para emitir um julgamento enquanto um relógio vai marcando o tempo. Quando planejamos inicialmente esse quadro, decidimos nos concentrar em quatro elementos tangíveis a todo produto bem-sucedido, perguntando:

O produto tem um nome de um milhão de dólares?
Tem uma embalagem de um milhão de dólares?
Tem um preço que o fará chegar a um milhão de dólares?
Tem um mercado de um milhão de dólares?

Agora vamos examinar como esses fatores podem fazer o lançamento de seu produto dar certo ou errado.

O NOME: Qual é a importância de um nome? Não acho que você possa sequer dizer que um nome pode fazer um produto dar certo ou errado. Se o produto for fantástico, não é um nome horroroso que irá afundá-lo. Se o produto for horroroso, não é um nome excelente que vai fazê-lo vender. Mas você pode tocar as pessoas com um nome. Pode declarar um desejo e atrair o público. Você pode apelar para a curiosidade das pessoas, como no caso do Google. Às vezes, você pode virar o dono de uma categoria com um nome, como Noel Lee fez com o Monster Cable.

96 A GRANDE IDEIA

Certifique-se de que o nome reflita o estilo e o humor de seu produto. Um dos convidados do "Minutos para Milhões" era o inventor do Flexflops, uma sandália de dedo portátil, superestilosa. Nós adoramos o produto e achamos que era uma ideia de um milhão de dólares. Mas achei que o nome era muito utilitário. Devia ser mais simpático.

Outro produto igualmente vencedor que precisava de um nome melhor era The Original Runner Company. Em que você pensa quando ouve a palavra *runner*? Em sapatos de corrida, equipamentos esportivos, não é? Mas esse produto não tinha nada a ver com corridas. Tratava-se de um tapete de tecido customizado para corredores de casamentos. Não combinava com o nome.

Quando estiver escolhendo um nome, faça uma busca por títulos e marcas registradas. Isso é óbvio. Mas não se esqueça de ao mesmo tempo fazer uma busca por nomes de domínios na internet. Para muitos negócios nos dias de hoje, marca registrada é sinônimo de nome de domínio — como Amazon.com e Monster.com. Nomes de domínio não são registrados em órgãos federais ou estaduais; ao contrário, eles podem ser obtidos através de inúmeras empresas na internet, muitas das quais vão permitir que você faça uma busca prévia antes de comprar o serviço para se certificar de que o nome já não está sendo utilizado.

A EMBALAGEM: Sua embalagem é seu cartão de visitas. É uma das decisões de marketing mais importantes que você vai tomar. É aqui que você tem de "pegar" seu cliente. Uma embalagem não é algo inerte: é uma representação viva de seu produto. A aparência dela precisa ser endereçada às pessoas que vão se sentir atraídas por ela — independentemente dessa atração ser pela beleza, pelo calor, pela modernidade, tecnologia, glamour ou praticidade. Dito isso, existem algumas regras básicas. A primeira e mais importante de todas: mostrar o produto.

POR QUE EU NÃO PENSEI NISSO? **97**

Vivemos num ambiente onde menos é mais. As pessoas hoje estão ultrassensíveis quanto a jogar qualquer coisa fora e uma embalagem mínima é uma vantagem. Gostamos da maneira como a SingleTease — camisetas com sugestões para iniciar uma conversa, como "Apenas me convide para... sair" — conseguiu isso com uma simples etiqueta que passou a mensagem em poucas palavras. Nem todos os produtos têm essa opção. Mas, na hora da embalagem, é melhor ser mais simples.

Quando estiver desenhando a embalagem, pense no que faria você dar uma segunda olhada. E, ao contrário, o que lhe deixaria frustrado? As melhores embalagens respondem às perguntas de funcionalidade e estilo. E se for um produto do tipo "Experimente" — como um aparelho eletrônico — você precisa prever isso na embalagem. Lembra o muito bem-sucedido Faça Cócegas no Elmo? Uma das chaves do sucesso é que as pessoas podiam tocar no boneco pela embalagem e fazer o Elmo rir.

O PREÇO: Muitos dos novos empresários que recebemos no programa maldizem a atribuição de preços. Eles se sentem como se estivessem entrando num território estrangeiro onde as leis não são claras. Eles têm medo de pôr um preço alto demais e sacrificar as vendas, ou, o que é ainda mais assustador, colocar o preço baixo demais e perder lucros. Evidentemente, a primeira regra do mundo dos negócios é que você precisa ter lucro. Você pode fazer algumas coisas de graça; só não pode dar *tudo* de graça.

Existem múltiplos fatores a se considerar ao se escolher um preço: os custos de produção e operação, o preço de venda de produtos semelhantes e a natureza de seu mercado. Mas, incrivelmente, o maior erro que as pessoas cometem é dar um preço baixo demais. Depois que você coloca seu preço, é muito difícil aumentá-lo, sendo que, se você puser um preço alto demais, sempre poderá abaixá-lo.

O principal motivo pelo qual os consumidores compram seu produto vai ajudar a definir o preço de venda. Se você está vendendo um artigo de luxo, um preço baixo vai espantar os consumidores. Se estiver vendendo conveniência, você dispõe de uma certa flexibilidade, porque muitas pessoas pagam pela conveniência. Se seu plano é vender para um público adolescente ou pré-adolescente, é necessário jogar o preço para baixo.

Se você já existe neste planeta há mais de cinco minutos, já sabe perfeitamente que $19,99 é um preço mais atraente que $20. Por quê? Porque o primeiro algarismo que você vê é o 1 e não o 2. Mas e se você quiser passar uma mensagem de luxo? Então, $19,99 vai parecer uma liquidação.

Mais uma vez, faça uma pesquisa. Se você estiver vendendo um produto eletrônico, dê plantão numa loja de eletroeletrônicos. Se estiver vendendo sapatos, dê alguns passeios por lojas desse setor. Descubra quais pessoas efetivamente pagam pelos produtos de sua categoria.

O MERCADO: Noventa por cento dos empreendedores que mostramos no quadro "Minutos para Milhões" começam definindo um mercado que é amplo demais. Eles sofrem da percepção equivocada de que mais é melhor. Eles dizem "dos 16 aos 70 anos", algo que cobre pelo menos três faixas distintas de público. Ou, então, definem seu mercado como "todas as mães dos Estados Unidos". Mas o segredo das *start-ups* mais bem-sucedidas é a capacidade de acertar o alvo — mirar com absoluta especificidade. É o que se vê, por exemplo, na KanDi Swim, uma linha de biquínis muito bonita inspirada em sobremesas. Bolinhos, sundaes, biscoitos coloridos — já deu para imaginar. O conceito era doce — e isso queria dizer juventude. Nós incentivamos os criadores da marca a repensar seu conceito de mercado e a se concentrar nas adolescentes.

Quando estiver fazendo sua pesquisa de mercado, não se esqueça de verificar de que maneira seu produto pode levar outros a reboque. Por exemplo, um nicho inexplorado no mercado de casamento são os organizadores que tomam todas as decisões para o grande dia. Ou seu produto pode melhorar algo que já existe.

CAIXA DE FERRAMENTAS DA BOA IDEIA
RECURSOS PARA FAZER TUDO CERTO

NOMES DE DOMÍNIO NA INTERNET

* GoDaddy.com (www.godaddy.com): O maior registro de nomes de domínio do mundo.
* Registro.br (www.registro.br): Site para registro de domínio.

EMBALAGEM PERFEITA

* Revista *Package Design* (www.packagedesign.com): Notícias e informações para designers de embalagem profissionais.
* TheDieline.com (thedieline.com): O maior blog de design de embalagens.

SOBRE PREÇOS:

* *Estratégia e tática de preço: um guia para crescimentos mais rentáveis*, de Thomas T. Nagle e John Hogan.
* *The Price Advantage*, de Michael V. Marn, Eric V. Roegner e Craig C. Zawada.

INFORMAÇÕES E SUPORTE GERAL

* Idea Tango (www.ideatango.com): Um site de recursos para inventores e empreendedores.
* Brandweek (www.brandweek.com): A fonte para notícias e conselhos sobre *branding*.

REGRAS DO DONNY: FOCO, FOCO, FOCO

O obstáculo número um com que as empresas se deparam quando estão prontas para crescer é a tentação de se tornarem conhecidas muito superficialmente e perder o foco. Você tem de manter o espelho voltado para sua empresa e se indagar as perguntas-chave: Como você quer ser conhecido? A quem você está servindo?

100   A GRANDE IDEIA

Seja fiel a si mesmo e a seu propósito.

A declaração de missão vem primeiro. Antes de dar um único telefonema, você precisa definir e interiorizar tudo o que você representa. Isso significa responder a essas três perguntas: Por que você está fazendo isso? O que você está fazendo? Como você vai fazer? O porquê, o quê e o como de sua declaração de missão vão dar o tom de tudo o que você fizer.

CAPÍTULO **7**

Saia da
caixa

Eu me sinto atraído por pessoas que vão para um determinado lado quando o mundo está indo para outro. Esse é o máximo da liberdade e é nesse espaço de liberdade que surge a grandeza. Se você está preso às convenções, se você está constantemente tentando se medir pelas regras que alguém impôs, você pôs um teto no que é possível. As pessoas mais bem-sucedidas do mundo são aquelas que conseguem se destacar da multidão e ousam ser diferentes.

Essa foi uma lição que aprendi muito bem na Deutsch. Sempre que saíamos ganhando, era com base na inovação. Eu sempre ficava impressionado quando um cliente nos contratava para fazer seu negócio crescer e depois se assustava com um novo *approach*, dizendo:

— Mas nós sempre fizemos isso *dessa* maneira...

No mesmo sentido, as agências de propaganda podem ficar complacentes com o tempo e parar de lutar para manter uma vantagem competitiva.

Acredite em mim quando digo que existe tanta gente burra no mundo da publicidade como nos outros setores. Há alguns anos, fiz um discurso na Associação de Anunciantes dos Estados Unidos que foi a maior sensação. Nunca fui muito popular entre meus colegas

102 A GRANDE IDEIA

publicitários, mas daquela vez eu realmente irritei algumas pessoas. Eu disse que qualquer agência que tivesse medo de que seus clientes desafiassem práticas de negócio de longa data deveria fechar. Esqueça a lealdade. De que adianta se a agência fez um trabalho fabuloso quarenta anos atrás. Será que ela *ainda* estaria fazendo um trabalho fabuloso? Se um cliente não achasse que seu trabalho fosse o melhor da categoria, ele devia despedir a agência e passar o negócio para outra que fosse lhe dar o melhor. E não interessa quantos prêmios a antiga agência já ganhou.

Não é uma boa fórmula continuar a fazer os negócios de uma mesma maneira só porque isso funcionou no passado. Se você quiser ter uma vantagem competitiva, precisa se concentrar em criar algo que vá colocar o dedo na ferida *amanhã*. A mensagem é mais importante do que nunca porque o mundo com o qual você está se comunicando muda rapidamente. Todas as caixas estão explodindo à nossa volta. Há dez anos, não havia acesso à internet em larga escala e nem tecnologia móvel. O universo era constrito. Hoje, não existem mais limites e os vencedores vão ser os negócios que entram corajosamente nessa arena aberta.

Se você está começando, ser diferente é sua *única* vantagem. Você não pode competir em matéria de tamanho, nem de experiência. A menos que consiga atingir um nervo novo, não tem como ganhar. Aliás, vou dar um passo à frente. Não me interessa o que você faz, se você não é capaz de dizer honestamente que está trazendo algo de novo e diferente ao mercado — algo que agrega valor —, para que se dar o trabalho?

As cinco qualidades de um inovador

Existe uma história sobre um cara chamado Charles H. Duell, que foi diretor do Escritório de Patentes dos Estados Unidos em 1899. Dizem que ele é autor da seguinte frase: "Tudo o que se podia inventar já foi inventado." Opa! *Hora de fechar as portas, Charlie. Talvez você possa se aposentar e passar suas tardes vendo televisão... ou entrar num carro, ir ao shopping e pegar um cineminha!*

Não sei se essa é uma história real, mas ela passa bem a mensagem sobre uma mentalidade que *ainda* é muito comum nos negócios e na indústria de hoje, apesar das óbvias provas de que o sucesso e a inovação caminham de mãos dadas. Não empreste seu BlackBerry ou iPhone a pessoas assim.

Então, o que realmente significa ser inovador? Quais são as qualidades das empresas e das pessoas que conseguem sair da caixa? Vou lhe dar cinco.

■ Qualidade nº 1: Os inovadores se perguntam: "Como é que eu abordaria esse desafio empresarial se eu não tivesse noções preconcebidas sobre como as coisas são feitas?"

Na agência, quando meu pessoal de criação começava a desenvolver um conceito, eu sempre dizia: "Comece com uma página em branco." Ideias requentadas simplesmente não eram aceitáveis.

Vou lhe dar um exemplo. Vamos supor que você tenha decidido começar uma agência de modelos e está fazendo seus planos no papel. Qual é o primeiro passo? Encontrar as modelos que vão ser a cara de seu estilo. Todo mundo sabe quais são as qualidades das boas modelos, não é mesmo? Elas são altas, magras, bonitas, têm o corpo malhado e um cabelo deslumbrante. Mas espera aí! E se você não tivesse essas pressuposições na cabeça? E se as modelos ideais fossem baixinhas, atarracadas e, me atrevo a dizer, *feias*? E foi essa visão completamente avessa que originou a Ugly Talent, de Nova York. É preciso ter uma certa coragem para chamar alguém de feio [*ugly*], mas essa agência ousada reconheceu a necessidade de modelos que

> **Lição da Grande Ideia:** Deixe seus preconceitos na porta de entrada.

104 A GRANDE IDEIA

não tivessem a beleza tradicional — que fossem personagens reais, interessantes e únicos. Simon Rogers, o fundador da empresa, encontra seus modelos por toda a parte — na rua, no metrô — e essas pessoas verdadeiramente originais ganham milhares de dólares por dia. E, de repente, o mundo das agências de modelo se abriu. *Qualquer um* pode ser modelo.

▪ Qualidade nº 2: Os inovadores não se importam que uma coisa nunca tenha sido feita. Aliás, eles adoram. "Isso nunca foi feito" ganha a primeira posição como razão mais idiota de não se tentar uma nova ideia. Ela não dá espaço para as mudanças acontecerem. Esta é a história de duas irmãs que fizeram o que nunca foi feito porque abriram os olhos para as possibilidades do correio norte-americano. Convidamos Melissa e Michele Sipolt para participarem de nosso programa, porque ficamos embasbacados com a singularidade da empresa delas, a SENDaBALL. Melissa, uma profissional de mala direta, sabia que era possível mandar pelo correio quase qualquer coisa em que se pudesse colar um selo. Ela estava procurando uma maneira

Lição da Grande Ideia: A única razão pela qual uma coisa nunca foi feita é porque nunca ninguém se decidiu a fazê-la — e não porque não pode ser feita.

original de presentear o filho recém-nascido de uma amiga, então foi a uma loja e comprou uma grande bola de vinil. Com uma caneta especial, ela escreveu, "bata um bolão com seu novo bebê" de um lado e o nome e endereço do destinatário do outro — e mandou pelo correio. Este primeiro presente teve um efeito *bola de neve*, que é o que acontece quando uma ideia é realmente original e cativante. Cada bola que as irmãs SENDaBALL mandavam gerava novos pedidos. Amigas começaram a lhes pedir para mandar bolas a clientes e amigos e, antes que se dessem conta, elas já estavam aparecendo no correio cheias de bolsas com bolas. Você poderia até pensar que as pessoas no correio ficariam irritadas, mas como Melissa observou tão precisamente:

— Fonte de renda é fonte de renda.

Elas começaram o negócio na garagem, fazendo as bolas à mão e em pouco tempo já estavam mandando cem bolas por dia, cobrando de seus clientes dez dólares por cada uma.

Na hora em que as trouxemos ao *The Big Idea*, elas estavam começando a decolar. Eu tinha certeza de que era uma ideia de um milhão de dólares. Pense em quantas pessoas mandam flores e cestas de alimentos pelo correio. Ao fugir do conceito de mandar cartões e um presente dentro de uma caixa, elas lançaram a maior onda. O que mais me impressionou sobre a ideia foi o número de pessoas que disseram "eu não sabia que era possível mandar uma bola pelo correio". Exatamente! Isso nunca havia sido feito.

▪ Qualidade nº 3: Inovadores não acreditam que algo *já foi* feito. Em praticamente todas as categorias existe algum espaço para inovação — uma nova sacada num conceito já existente.

Anshuman Vohra nos contou que ele e seu sócio, David Kanbar, encontraram uma mentalidade de "tudo já foi feito" várias vezes quando do tentaram encontrar um distribuidor para o Bulldog Gin. Eles estavam convictos de que no mercado havia lugar para um gim com sex appeal — tanto no sabor como na embalagem. O design da

Lição da Grande Ideia: Quando os grandes conglomerados rejeitam, encontre empresas que estejam famintas e querendo arriscar. Elas vão ser suas melhores parceiras.

garrafa era totalmente fora dos padrões. Em vez da imagem tipicamente enfadonha do gim, eles apareciam com uma garrafa escura e vigorosa, com o vidro trabalhado em volta do cabo. O objetivo era atingir um público jovem com um produto que "não é o gim do seu avô". E o que foi que eles ouviram dos distribuidores? Um por um, eles disseram:

— Vocês são loucos de aparecer com um novo gim. Ninguém mais bebe isso.

106 A GRANDE IDEIA

E também ouviram que os atuais fabricantes de gim faziam bem seu trabalho. Ninguém precisava se meter.

Um dia, depois de mais uma recusa, Anshuman foi para casa e começou a pensar. Foi quando percebeu uma coisa importante:

— Entendi tudo perfeitamente. Nós víamos o mundo de uma maneira diferente. Eu queria ir para a frente. O mercado estava olhando para o passado.

Esse *insight* o motivou a continuar seguindo em frente, mas, dessa vez escolhendo distribuidores menores, e um deles aceitou o desafio.

David pôs o dedo na ferida quando disse:

— A grandeza não vem da capacidade de analisar o passado. A grandeza vem da capacidade de se prever o futuro.

■ **Qualidade nº 4: Inovadores são defensores do individualismo.**
Você não pode inovar se acreditar que o mesmo tamanho serve para todo mundo. Esse certamente foi o caso de Shoshanna Lonstein Gruss. Quando era adolescente, Shoshanna era mais peituda que a média das garotas. E embora eu seja o primeiro a dizer que isso não é de modo algum terrível, para Shoshanna era uma frustração diária. Como nas demais medidas ela era pequena, sempre tinha muitos problemas para encontrar roupas que coubessem nela. Sentindo-se confusa e desconfortável, tendia a usar roupas largas, o que prejudicava sua autoestima. Por que ninguém podia desenhar roupas que servissem para as várias formas e tamanhos de corpo das mulheres?

> **Lição da Grande Ideia:** Em todos os setores, há uma convenção esperando ser desafiada.

Depois da faculdade, Shoshanna pensou em se tornar uma analista de Wall Street, que era o caminho que a maioria de suas amigas estava tomando. Mas ela era capaz sentir que aquilo não era para ela. Enquanto isso, toda vez que pensava em se tornar uma designer de moda — algo em que não tinha experiência —, seu coração batia mais forte.

Muito hesitante, ela tocou no assunto com seu pai, e ele não se mostrou entusiasmado.

— Você nem sabe o que não sabe.

Shoshanna encarou isso como um desafio. Ela voltou a morar com os pais, conseguiu um estágio numa empresa de design de moda e começou seu processo de formação. Sem qualquer capital inicial, começou a desenhar amostras de roupas para mulheres cuja parte de cima do corpo não combinava exatamente com a parte de baixo. Ela encontrou um *showroom* que também estava começando e lhes ofereceu uma percentagem das vendas para que exibissem sua linha de roupas.

Shoshanna me contou:

— Eu vivia quebrando a cara, mas eu sacudia a poeira e dava a volta por cima.

Mas até que, olhando o processo como um todo, a linha de roupas de Shoshanna decolou com certa rapidez. O mundo estava cheio de mulheres que não cabiam nos padrões. Em 2008, o volume de vendas da Shoshanna Collection foi de US$20 milhões.

■ **Qualidade nº 5: Inovadores rompem com os padrões. Os inovadores vão desafiar aquilo que se supõe ser verdade.**

Os inovadores são como aquelas crianças que perguntam *Por quê?* cem vezes por dia. Inerentemente, isso significa que as pessoas vão tentar calá-los e colocá-los para baixo. Mas acredito que essa vontade de romper o status quo seja fundamental para uma inovação — talvez até mais importante do que a inovação em si.

Na década de 1990, eu tinha a reputação de ser um bad boy da propaganda. Mas eu não era *realmente* mau. Como é que eu podia ser mau e administrar uma empresa multimilionária? O que fiz foi criar uma marca que dizia a todo mundo que iam ver coisas que nunca tinham visto antes. Nossos comerciais não iam dar a sensação de serem comerciais. Iríamos empurrar os limites, fazer onda, ser ousa-

108 A GRANDE IDEIA

dos. Funcionou magnificamente. Os *insiders* do setor podem ter feito troça, mas nossos clientes mal podiam esperar pela próxima coisa que íamos fazer.

**FERRAMENTAS DA GRANDE IDEIA
RECURSOS PARA INVENTORES**

* **Instituto Nacional da Propriedade Industrial (INPI) (www.inpi. gov.br): A primeira parada para informações sobre patentes, marcas registradas e direitos autorais.**
* **Busca geral de patentes (www.google.com/patents).**
* **Inventors Digest (www.inventorsdigest.com): A revista das invenções para as pessoas que têm as ideias.**
* **Eventys (www.eventys.com): Soluções integradas para desenvolvimento de produtos.**
* **INPEX (www.inpex.com): A maior feira mundial de comércio destinada aos inventores.**
* **QVC (www.qvcproductsearch.com): Descubra como você pode apresentar sua ideia à QVC ou participar de um de seus eventos de busca de produtos.**

REGRAS DO DONNY: INOVAÇÃO FEITA EM CASA

Todos nós podemos ser inovadores. Veja por sua casa — na cozinha, na sala, no quarto. Existem um milhão de ideias prontas para serem descobertas. Todo dia, pessoas comuns como você literalmente encontram milhões debaixo de suas vistas, dentro da própria casa. Tudo o que você tem de fazer é abrir o armário e começar a fazer perguntas.

CAPÍTULO **8**

Mude o mundo com uma ideia simples

J ohn e Bert Jacobs incorporam tudo o que *A grande ideia* significa. Eles tinham um conceito simples, fizeram um lançamento na rua que custou uns US$200, e literalmente mudaram a maneira como milhões de pessoas pensam sobre seu dia. Três pequenas palavras — *Life is good (A vida é boa)* — se transformaram num lema que homens, mulheres, crianças e até cachorros podem vestir. Esse slogan para fazer as pessoas se sentirem bem não só virou um ícone, mas também permitiu que os irmãos Jacobs pudessem, igualmente, fazer o bem, através da caridade.

Se você conhecesse John Jacobs, nunca diria que ele comanda uma empresa que fatura US$84 milhões. Ele é engraçado e *low profile*, levando a vida numa boa da melhor maneira possível. A história de como ele e o irmão começaram o slogan *Life is good* é o tipo de história que adoramos ouvir porque não há um único empreendedor que ouça a história e não diga "podia ter sido eu".

Em 1989, John e Bert começaram a desenhar e vender camisetas em feiras livres e campi de universidades, às vezes viajando por várias semanas para ganhar a vida com muita dificuldade. A base da dupla

110 A GRANDE IDEIA

era aquilo que eles chamavam de um "buraco", onde desenhavam os conceitos nas paredes.

A grande ideia surgiu depois de eles venderem camisetas por seis anos. Eles tinham acabado de chegar de uma viagem pouco proveitosa e decidiram dar uma festinha para os amigos. Bebendo cerveja, pediram às pessoas para avaliar os desenhos que estavam nas paredes e fazer seus comentários. Esse grupo de pesquisa caseiro foi ouro puro.

Na manhã seguinte à festa, John olhava para a parede e percebeu que a maioria dos comentários girava em torno de um garoto sorridente desenhado por Bert. Bem, ele pensou, alguma coisa naquele garoto sorridente estava tocando as pessoas. Um amigo escreveu: "Esse cara sabe das coisas."

Num lance de intuição, John e Bert separaram US$78 e gastaram todo o resto dos fundos imprimindo 48 camisetas mostrando o garoto sorridente com a inscrição "*Life is good*". Eles levaram as camisetas a uma feira livre em Cambridge, junto com outros modelos. Quarenta e cinco minutos depois de começarem, todas as 48 camisas haviam sido vendidas. E eles ficaram impressionados, não só pela venda, mas pela diversidade dos compradores, que ia desde o dono de uma moto Harley-Davidson todo tatuado até um professor e um garoto. Será que eles tinham encontrado uma mensagem universal?

— Isso nos deixou muito assustados — confessou John. — Passamos anos procurando uma mensagem, um ícone e lá estava. Nós sabíamos.

Eles continuaram imprimindo as camisas, chamaram o garoto sorridente de Jake e aos poucos começaram a receber pedidos das lojas da região. Eles ganharam US$82 mil no primeiro ano, dobraram esse valor no segundo e triplicaram no terceiro. Eles continuaram ouvindo as pessoas e responderam ao pedido dos clientes fazendo outros desenhos inspiradores — Jake andando de bicicleta, Jake nadando — assim como outras peças. Hoje, a marca *Life is good* está em todo tipo de objeto, de chapéus a tigelas para cachorro até canecas de café.

Os irmãos Jacobs encontraram o sucesso e foi aí que eles fizeram a transição para algo maior. A *Life is good* recebeu muitas cartas emocionantes e memoráveis ao longo dos anos de pessoas que sentiam uma ligação especial com os produtos e a mensagem simples e otimista que carregavam. E isso era ainda mais verdadeiro para as pessoas que enfrentavam grandes adversidades. Dar alívio e esperança num momento difícil foi a motivação do primeiro esforço significativo de levantamento de fundos da *Life is good*. Depois do 11 de setembro, John e Bert ficaram impressionados com a quantidade de pessoas que de repente estavam perguntando "a vida *é* boa?" Eles decidiram levantar fundos para as famílias das vítimas. A camiseta com a bandeira americana criada por eles levantou US$207 mil para a United Way.

Depois dessa experiência, John e Bert perceberam que tinham uma missão que transcendia as camisetas, os bonés e as canecas. Eles viram uma oportunidade de ter um impacto positivo e sustentável com ações de caridade e os bons e velhos festivais ao ar livre pareceram o palco perfeito para sua marca e seus valores.

Desde 2003, a *Life is good* realizou inúmeros festivais marcantes, incluindo o Pumpkin Festival, em Boston, ao qual compareceram cem mil pessoas e que levantou US$600 mil em doações, e o Festival *Life is good* em Fenway Park, que levantou US$800 mil. Eles

Lição da Grande Ideia: Numa época em que a negatividade é a marca que mais vende, a *Life is good* se destacou da multidão para passar uma mensagem de esperança.

criaram a *Life is good* Kids Foundation para crianças para distribuir todo o dinheiro levantado nacionalmente pelos festivais *Life is good* para as melhores instituições que servem a crianças que enfrentam desafios injustos.

112 A GRANDE IDEIA

Eu realmente acredito que a razão da empresa de John e Bert ser tão bem-sucedida é que eles entenderam que a ideia inteligente que eles tiveram era mais do que um slogan vazio. Eles estão vendendo formas tangíveis de possibilidades.

Uma nação de bons samaritanos

Quero tirar um minuto para aplaudir os muitos empreendedores cuja visão do sonho de prosperidade transcende a riqueza pessoal. Muitas dessas pessoas começaram seus negócios com pouco mais do que sonhos e orações e, quando atingiram o sucesso, a primeira coisa que eles fizeram foi perguntar: "Como posso realizar o sonho de mais alguém?"

A ideia de fazer o bem não é exatamente nova, mas, na última década, ela definitivamente pegou. As qualidades que fazem alguém ser um grande empreendedor — paixão, visão, persistência — são exatamente as que são necessárias para aqueles que desejam mudar o mundo.

FERRAMENTAS DA GRANDE IDEIA
RECURSOS PARA EMPREENDEDORES SOCIAIS

* **The Institute for Social Entrepreneurs [O instituto para empreendedores sociais] (www.socialnet.org): Oferece seminários, workshops e serviços de consultoria para empreendedores sociais em todo o mundo.**
* **Commongood Careers [Carreiras para o bem comum] (www.commongoodcareers.org): Uma agência de empregos sem fins lucrativos dedicada a ajudar os empreendedores sociais mais eficazes de hoje a contratar os melhores talentos.**
* **Idealist.org (www.idealist.org): Um diretório mundial de recursos voluntários e sem fins lucrativos.**

* **GreenBiz.com (www.greenbiz.com):** Notícias sobre empresas ecologicamente corretas e práticas de negócios sustentáveis.
* **Green Dreams (www.greendreams.com):** Um guia para práticas ecológicas de negócios.
* **Greenopia (www.greenopia.com):** Um guia para fazer tudo o que você já faz, só que de maneira mais ecológica.
* ***Como mudar o mundo: Empreendedorismo social e o poder de novas ideias,* de David Bornstein, editora Record.** Um modelo para empresas progressistas.

Uma empresa com *sola* e *alma*

A maioria das pessoas conhece Blake Mycoskie como um participante muito popular da versão norte-americana do programa televisivo *A corrida milionária.* Conheci Blake como o criador da fenomenal grande ideia que está mudando o mundo, com um par de sapatos de cada vez. E tudo começou com um investimento de apenas US$500.

A empresa de Blake, TOMS Shoes, nasceu de uma viagem à Argentina, onde Blake viu crianças pobres andando na rua sem sapatos. Blake se perguntou: e se ele pudesse fornecer sapatos para essas crianças? Ele surgiu com a ideia da TOMS Shoes, desenhando um sapato baseado num calçado leve argentino fabricado pela *Alpargatas,* e a promessa de que, para cada par de sapatos vendido nos Estados Unidos, ele mandaria um para a Argentina.

Em 2006, a TOMS organizou sua primeira "entrega oficial" de sapatos na Argentina, depois que a empresa atingiu a meta de dez mil calçados vendidos. Blake e sua equipe entregaram pessoalmente os sapatos, o que foi uma grande emoção para eles. Em 2007, a empresa

114 A GRANDE IDEIA

fez sua segunda entrega de cinquenta mil sapatos para crianças sul-africanas que vivem na pobreza.

A caridade por trás do negócio é provavelmente um grande fator que atrai os clientes em potencial para comprar os sapatos TOMS. Blake é um exemplo perfeito de que não é preciso muito dinheiro para fazer uma grande diferença — e ganhar muitos dólares!

REGRAS DO DONNY: ABRACE O MUNDO

À medida que o mundo fica cada vez menor, as oportunidades para as pessoas de visão fazerem diferença ficam maiores. Você pode abraçar o mundo a partir de seu próprio quintal e isso é o que muitos empreendedores estão fazendo. Aqui vai um exemplo. Cada vez mais, as pessoas que vão a nosso programa estão produzindo bens que são amigos do meio-ambiente. Virou praticamente uma segunda natureza. No entanto, essa consciência ambiental é relativamente recente — o que nos entristece. De um dia para outro, os consumidores começaram a exigir um mundo mais limpo, seguro e orgânico — e as empresas inteligentes foram aquelas que largaram na frente. Os visionários que ganham mais dinheiro são aqueles bons samaritanos que chegaram primeiro.

Dizer "não" não é uma opção

CAPÍTULO 9

Por que NÃO eu?

Quando você diz "Por que NÃO eu?", essa é uma declaração espiritual que informa tudo o mais que você vai fazer na vida. As pessoas mais bem-sucedidas do mundo possuem um senso de merecimento que é quase ingênuo. Elas não dizem "vou tentar escrever um romance". Elas dizem "vou escrever o melhor romance que já existiu".

"Por que NÃO eu?" transforma sua visão de mundo e amplia exponencialmente sua área de ação. Vou dar um exemplo. Há alguns anos, falei um sonho que sempre tive. Falei que queria ser o prefeito de Nova York. De onde tirei uma declaração tão absurda? Bem, por que NÃO eu? Mike Bloomberg, o atual prefeito, era um empresário que derrotou todos os políticos profissionais. A ideia não era tão absurda.

Mas aqui está a parte interessante. De repente, as pessoas começavam a se perguntar:

— O Donny Deutsch vai disputar a prefeitura?

Todo artigo escrito a meu respeito depois desse dia mencionava que eu poderia disputar a prefeitura. Entretanto, até a véspera de eu ter dado essa declaração, nunca ninguém havia olhado para mim e

118 A GRANDE IDEIA

dito "ele seria um bom candidato a prefeito". Nunca ninguém tinha sequer colocado meu nome na mesma frase que *prefeito*. Mas, uma vez que a notícia estava nas ruas, a porta já estava um pouco aberta. Era uma possibilidade que eu estava livre para perseguir. As pessoas continuam me perguntando se vou disputar a prefeitura. Quem sabe? Um dia pode até ser.

Conheço muita gente que tem medo de falar sobre seus sonhos e desejos. Elas pensam que se abrirem a porta só um pouquinho, ela já vai bater na cara delas. Mas não é só o medo de rirem da sua cara. Essa subserviência está incutida em nós. Quantos de nós foram ensinados desde a infância a ser humildes — não fique se gabando, não seja ousado, não fique se exibindo, não se esqueça de que o orgulho é o último passo antes da queda? Essa mentalidade gera seguidores e não líderes. Nunca ninguém atingiu o sucesso falando "eu, não".

— Você nunca está mais vivo do que quando está à beira de loucura.

Essas foram as palavras de Alton Brown, a estrela improvável de dois programas de culinária, ao descrever sua decisão de largar completamente sua antiga vida e entrar no mundo da culinária quando tinha uns 35 anos. Adoro essa qualidade — quer você chame isso de confiança ou de insanidade — que dá a certas pessoas uma energia igual a subir uma montanha sem uma corda de segurança. Quando Alton disse: "Por que não posso ter um programa de culinária? Posso ser melhor do que os apresentadores que existem por aí", ele não estava sequer no ramo da alimentação. E então ele deu o ousado passo de entrar para a escola de culinária, gravar seus próprios programas-pilotos e vendê-los à Food Network. A coragem de Alton veio da confiança profunda de que ele podia vencer — e a compreensão de que ele ficaria bem mesmo que não conseguisse.

A questão é que, enquanto você não disser "Por que NÃO eu?", todos os seus sonhos vão encontrar as portas fechadas. E quanto mais cedo na vida você descobrir isso, melhor. A maioria de nós não entende uma coisa dessas até já estar um pouco calejado. Foi por isso que me identifiquei tanto com Miley Cyrus. Se você tem filhos, você sabe quem ela é. Na pele de seu personagem televisivo Hannah Montana, ela é o ídolo de 17 milhões de crianças, dos 2 aos 11 anos. Miley é uma marca de um bilhão de dólares no alto de seus 16 anos. Eu a convidei para o *The Big Idea* pelo que ela conseguiu aos 11 anos. Foi quando ela fez o teste para Hannah Montana, embora fosse a pessoa menos adequada para o papel. Para começar, ela tinha quatro anos a menos do que deveria — o papel pedia alguém de 15 anos. Para completar, ela praticamente não tinha experiência como atriz. O pessoal da Disney falou, com a maior educação, que não era isso o que eles estavam procurando. Mas Miley não aceitou um não como resposta. Ela realmente queria o papel. Fiquei muito empolgado com a garra dela. Ela disse:

— Talvez, se eu ficar insistindo, eles vão acabar cedendo.

Lembre-se de que ela estava com apenas *11 anos* nessa época. Como foi que ela fez a Disney mudar de ideia?

— Fiquei implorando e implorando por um ano inteiro e, no fim das contas, eles tiveram de dizer sim.

Implorar e implorar até conseguir o que quer? Que tipo de plano de negócio é *esse*? Tudo o que posso dizer é que da boca das crianças às vezes saem pérolas maiores de sabedoria.

O exercício do merecimento

O que você merece na vida? Faça uma lista. Ponha no papel.

Eu mereço... trabalhar no que gosto.

Eu mereço... mandar em minha própria vida.

Eu mereço... viver sem me preocupar com as contas.

Eu mereço... me casar com o amor da minha vida.

Eu mereço... criar minha família num ambiente positivo.

Eu mereço... liderar a equipe.

Eu mereço... ser dono de uma casa linda, ou até mesmo de duas casas lindas.

Eu mereço... ser o chefe de meu departamento.

Eu mereço... conseguir aquele empréstimo.

Eu mereço... assistir ao show de camarote.

Eu mereço... ser presidente da república.

Quando estiver com a lista pronta, aproprie-se dela. Faça com que seja seu mantra. Mas não pare por aí. O poder do pensamento positivo não é suficiente, se você não usar o poder da *ação* positiva. Gary Coxe, um especialista em crescimento pessoal e estrategista de vida que foi nosso convidado no *The Big Idea* para oferecer conselhos a colegas empreendedores, tem uma frase excelente. Ele diz:

— O pensamento positivo é como um spray de tinta numa peça enferrujada. Não dura muito.

Em outras palavras, dizer "Por que NÃO eu?" serve para abrir a porta. Para fazer as coisas andarem, você precisa atravessá-la.

Pegue um dos pontos da sua lista de merecimento. Quais são as ações práticas que você precisa tomar para ir em frente? Só para nos divertirmos, vamos pegar um exemplo de fora do mundo dos negócios. Você sente que merece se casar com o grande amor da sua vida. Como isso vai acontecer? Há alguns anos, o programa *Today* me convidou para participar de uma série apresentada por Ann Curry cujo tema era a busca de uma parceira. Quando eles me ligaram pela primeira vez, fiquei surpreso, para dizer o mínimo. Eles queriam que *eu* desse conselhos às mulheres sobre namoro? Achei que eles ligaram rápido demais para o número errado. Não tenho um histórico muito marcante nesse departamento. Mas aí me explicaram que o título da parte do programa da qual eu participaria seria "Como ser o executivo-chefe de sua vida amorosa". Eles queriam usar exemplos reais do mundo dos negócios que servissem para ilustrar a busca pelo amor.

— Tudo bem — respondi para eles. — Isso eu posso fazer.

Eu ficava fascinado pelo fato de que as mesmas pessoas que conseguiam elaborar planos de negócios brilhantes e fazer o maior marketing de suas empresas ficavam paralisados na própria vida pessoal. Você não começa uma empresa e relaxa esperando os clientes virem até você. Por que tem de ser assim ao namorar?

O programa foi bem divertido — e instrutivo. Minha cobaia era uma bela divorciada, bem-sucedida nos negócios, mas completamente estática na hora de procurar um amor. Ela não sabia tomar a iniciativa. Mas tinha coragem suficiente para ir em rede nacional para aprender como aplicar os princípios do mundo dos negócios ao amor. Passamos pelas várias etapas — o mesmo que você faria ao abrir uma empresa:

1. Qual é sua missão? (Você quer um namoro casual, quer casar em um ano, quer começar um relacionamento sério em seis meses?)

2. Qual é seu perfil? (O que você tem de único, fascinante e atraente?)

3. Quem é seu público-alvo? (Você está procurando um jovem profissional, um homem maduro, uma pessoa religiosa, alguém louco por exercícios?)

4. Qual é seu plano de mídia? (Onde você vai se exibir? Vai entrar para algum tipo de grupo, sair por aí, fazer algum curso?)

5. Quem é sua diretoria? (Faça uma lista de amigos que vão lhe ajudar a pôr o plano em prática.)

Quando terminamos, ela era uma pessoa diferente — pelo menos, foi o que as amigas dela disseram. Até eu podia ver isso. Ela estava energizada com a perspectiva de se colocar no mercado. Estava confiante. Se você parar para pensar, todo assunto na vida pode ser resolvido com apenas dois passos: sonho e ação.

122 A GRANDE IDEIA

O sucesso é democrático

Nunca ninguém me acusou de ser um gênio. Pergunte ao professor que me conheceu no último ano da escola. Eu sou inteligente. Deus me deu alguns talentos. Mas gênio não sou. Já cometi erros feios e sei que vou cometer mais.

Tem gente que olha para as pessoas bem-sucedidas e diz:

— Pô, aquele cara ganhou cem milhões de dólares... Jamais vou chegar lá.

Ou:

— Aquela mulher construiu um império empresarial... Eu nunca poderia fazer o mesmo.

Elas pensam que estão olhando para pessoas de um brilho excepcional. Sim, é verdade que às vezes realmente aparecem gênios, gente como Bill Gates. Mas essa não é a regra. Já conheci milhares de pessoas bem-sucedidas na vida e a maioria delas não é genial. São buldogues persistentes com uma sensação de merecimento que faz com que elas sigam em frente. Elas têm uma ideia e correm atrás porque acham que podem. Passei muitos anos em salas com grandes executivos e várias vezes eu coçava a cabeça me perguntando "como é que *esse cara* chegou lá?" Mas se a genialidade deles não aparecia muito, a garra aparecia.

O meu objetivo no programa *The Big Idea* é democratizar o sucesso. Não é para os outros. Quando você percebe que o merece também, o sucesso é desmitificado e passa a ser alcançável. Este é um princípio democrático: de baixo para cima e não de cima para baixo.

Agora, você tem de saber que, se quiser entrar para o *establishment*, vai ter de dar algumas voltas. Veja o caso de Tim Walsh, que tentou entrar para o setor de brinquedos com um jogo de tabuleiro. Isso é difícil. A indústria de brinquedos movimenta US$40 bilhões por ano e é quase impossível entrar nela, porque todas as grandes empresas têm suas próprias equipes de criação e desenvolvimento. Mas Tim não desistiu porque ele estava confiante de ter inventado o próximo grande jogo.

POR QUE NÃO EU? **123**

Tim e seus amigos Dave Yearick e Ed Muccini criaram o TriBond enquanto estudavam na Colgate University. O objetivo era criar um jogo que apresentasse um desafio intelectual, mas com um apelo mais amplo do que Trivial Pursuit. O conceito básico é o seguinte: o TriBond pergunta: "O que estas três coisas têm em comum?" E os jogadores tentam adivinhar o elemento comum das três pistas. Por exemplo, qual o elemento comum entre um candidato à presidência da república, uma estação de trem e uma loja de sapatos da década de 1970? Resposta: *plataformas.*

Tim e seus amigos precisaram de dois anos para fazer um protótipo e então lá foram eles tentar vendê-lo a um fabricante. Foi aí que deram de cara com um muro de tijolos. Milton Bradley, Parker Brothers, Mattel e Tyco, todos os rejeitaram de imediato.

Se os grandes figurões dizem não, para onde você vai? Esta é outra lição que ouvi várias vezes — você se aproxima dos pequenos. Tim juntou forças com um pequeno fabricante, a Patch Products, que produziu o jogo e o contratou para cuidar das vendas. A primeira coisa que ele fez foi entrar em contato com DJs de rádio de todos os Estados Unidos. Ele pediu para que jogassem TriBond com os ouvintes, em troca de jogos para distribuir de graça. Isso mostrou ser uma promoção muito bem-sucedida. Em três anos, eles venderam mais de um milhão de exemplares do jogo.

A melhor vingança? O dia em que a Mattel foi procurar Tim com um contrato de licenciamento. Foi uma doce vitória. Hoje, a TriBond é um dos jogos campeões de venda da Mattel.

De onde é que você tira a confiança para quebrar a máfia dos brinquedos? Primeiro, você precisa *acreditar* que tem um vencedor nas mãos. Segundo, você percebe que a história está do seu lado. Vários brinquedos e jogos de sucesso foram criados no porão de alguém ou na mesa da cozinha por pessoas que não tinham ligação alguma com a indústria. O Banco Imobili-

> **Lição da Grande Ideia:** O sucesso não é uma democracia. Não deixe ninguém lhe dizer que você não pode fazer parte.

124 A GRANDE IDEIA

ário foi inventado por um vendedor miserável durante a Grande Depressão. O Trivial Pursuit é cria de dois caras que já estavam de saco cheio de jogar Scrabble. A linha de bonecas Repolhinho foi criada por um estudante de arte. Quem foi que disse que você tem de ser um sócio de carteirinha da indústria de brinquedos para dar certo? Tim Walsh transformou sua sensação de merecimento em milhões de dólares.

O SONHO DA PROSPERIDADE
TESTE DE AUTOSSABOTAGEM

Você está atrapalhando o caminho de seu próprio sucesso? Descubra fazendo esse teste.

1. **Você se pergunta "Por que eu deveria tentar ser bem-sucedido?"** ☐ Sim ☐ Não
2. **Você acha que dinheiro é algo sujo, abjeto ou pretensioso?** ☐ Sim ☐ Não
3. **Você tem uma opinião negativa sobre gente rica?** ☐ Sim ☐ Não
4. **Você tem medo de ganhar mais dinheiro do que seus pais?** ☐ Sim ☐ Não
5. **Quando você entra num ambiente, você prefere passar despercebido?** ☐ Sim ☐ Não
6. **Você tende a recusar oportunidades de fazer doações de caridade?** ☐ Sim ☐ Não
7. **Quando você perde dinheiro num mau negócio, você fica se remoendo de arrependimento?** ☐ Sim ☐ Não

Quantas vezes você respondeu sim? Essas são indicações de que você pode estar sabotando seu sucesso. Lembre-se de que dinheiro não é uma coisa ruim. Quanto mais você ganha, maior o bem que você pode fazer a si mesmo e aos outros.

Furando a fila

Quando Tyler Dikman participou do *The Big Idea*, ele tinha apenas 23 anos, mas já era empresário havia oito. Ele dera início à sua empresa de consultoria de tecnologia, a CoolTronics, no ensino médio e se formou com mais de US$1 milhão no banco. A história de Tyler chama a atenção porque a sociedade tradicional tem um certo preconceito com pessoas jovens demais que alcançam o sucesso. Esta mentalidade está incutida em nossa sociedade — você tem de vencer por etapas, começando na sala da correspondência e subindo a escada degrau por degrau. Steve Jobs gosta de contar a história de como ele e Steve Wozniak levaram o computador pessoal que inventaram à Hewlett-Packard e a empresa não demonstrou interesse. Disseram:

— Vocês ainda nem saíram da faculdade.

Esses jovens gênios não foram rejeitados pelo mérito da própria ideia. Foram rejeitados porque algum idiota sem cérebro disse que eles eram jovens demais para serem bem-sucedidos. Ainda não tinham *sofrido* o bastante!

No entanto, isso é que há de interessante com a tecnologia. Ela *pertence* aos mais jovens. Quem é que você chama quando alguma coisa não funciona em seu computador? O mais provável é que seja o estudante de ensino médio que mora ali perto, na sua rua. Tyler sabia consertar computadores e ele convenceu os pais a deixá-lo montar um negócio em casa. Seu lema era: "Somos o recepcionista do seu computador." Ele contratou seus amigos de escola para trabalhar para ele e lhes pagava mais do que eles ganhariam numa lanchonete de *fast-food* ou no lava-jato da vizinhança. E eles nunca tiveram falta de clientes. Aos 17 anos, Tyler já participava de eventos com Bill Gates e Michael Dell.

Quando você vê Tyler, não enxerga um cara arrogante que pensa que é melhor que os outros. Você vê um jovem com uma paixão pura por seu trabalho e, sim, um entusiasmo juvenil pelo que ainda é pos-

126 A GRANDE IDEIA

sível alcançar. Tyler sabe como usar sua juventude para ganhar apoio e tem um conselho para outros jovens empreendedores:

— Seja o filho que eles gostariam de ter tido.

Ele é muito inteligente para alguém de 23 anos.

QUEM... EU?

Quem quer que pense que jamais poderia chegar ao topo ou ir atrás de um sonho distante deveria pegar uma página do livro de Sarah Reinertsen. Sarah, que não tem uma perna, se lembra de ter sentido inveja e frustração na escola quando não era escolhida para jogar na aula de educação física ou convidada para dançar. Ela recebia uma enxurrada de mensagens sobre todas as coisas que uma criança com uma perna mecânica *não podia* fazer. Mas ela conseguiu sua melhor vingança treinando como atleta e se tornando a primeira mulher com uma perna amputada a concluir o Campeonato Mundial de Triatlo Iron Man no Havaí. Depois que Sarah participou do *The Big Idea*, ela teve um *insight* magnífico que eu quero dividir com você. Ela disse:

— Eu posso ter sido a única pessoa com uma perna amputada no programa, mas não fui a única pessoa com uma deficiência. Acredito que quase todos nós tenhamos algum tipo de "deficiência". Só que algumas são menos óbvias que outras. Enquanto minha deficiência é física, alguns convidados do programa contaram que tinham deficiências como dislexia, ou uma infância muito dura. Cada um de nós superou seus obstáculos, óbvios ou ocultos, para trilhar o caminho do sucesso.

CAPÍTULO 10

A **hora** em que sua garra é testada

Em todos os seus empreendimentos, vai haver pelo menos um momento — e às vezes vários — em que você vai estremecer e dizer:

— Não consigo mais. A pedra é muito pesada para ser empurrada até o topo da montanha.

Essa é a hora em que sua garra é testada. É o teste final do quanto você deseja o que quer, o quanto você acredita em si mesmo e o quanto você está disposto a suportar para chegar lá.

Não estou falando das pequenas pedras que aparecem pelo caminho e que todo negócio enfrenta. Estou falando de situações que claramente podem pôr tudo a perder. Uma tragédia pessoal que joga toda uma carreira por água abaixo. Um primeiro carregamento que chega e o produto está estragado. Uma fábrica que pega fogo. Um cliente que responde por 50% de seu faturamento vai embora. É uma hora de agir ou morrer.

Sempre penso na cena do filme *Wall Street*, quando Bud Fox, o personagem interpretado por Charlie Sheen, diz:

"Um homem olha para o abismo e não encontra nada olhando de volta. Nessa hora, ele descobre seu caráter. E é isso o que o livra do abismo." Sei que soa melodramático. Mas se algum dia você já se viu de cara para o abismo, você vai reconhecer a verdade dessas palavras.

Maureen Kelly, criadora da Tarte Cosmetics, que aparece frequentemente em nosso programa, viu sua garra passar pelo maior teste nos atentados de 11 de setembro. Maureen é um verdadeiro dínamo. Não há a menor dúvida de que ela pode conseguir o que quiser. Com o apoio financeiro e emocional do marido, Mark, ela conseguiu fazer com que sua inovadora linha de cosméticos decolasse. Seus cosméticos chiques, sofisticados e divertidos fizeram com que ela conquistasse um lugar na luxuosa butique Henri Bendel, e ela estava no caminho certo.

O marido de Maureen sempre a incentivou dizendo "a vida é muito curta para não correr atrás de seus sonhos". E, no caso dele, a vida foi tragicamente curta. Mark, um negociador de títulos da Keefe, Bruyette & Woods, estava no 89º andar na Torre Sul do World Trade Center no dia 11 de setembro e morreu no atentado. Esse foi o momento em que Maureen teve de mostrar toda a sua garra. Depois de uma catástrofe tão impensável, a maioria de seus amigos e familiares acreditava que ela fosse jogar a toalha e desistir de sua empresa. Mas Maureen nem sequer pensou nessa hipótese. Ao contrário, a morte de Mark serviu para que ela ficasse ainda mais determinada em homenagear sua memória vivendo intensamente e indo atrás do sonho em que ele a ajudara a acreditar. A Tarte Cosmetics cresceu fenomenalmente nos últimos seis anos. Maureen tem um espírito de vida maravilhoso e uma aptidão natural para os negócios. Fiquei tão impressionado com ela que a convidei várias vezes para participar do *The Big Idea* para dar conselhos a empreendedores que vendem seus produtos.

Muitas das pessoas bem-sucedidas que aparecem no programa não têm medo da hora da verdade porque tiveram de enfrentar enormes obstáculos na infância. Elas não eram as rainhas do baile ou os astros do futebol superpopulares na época da escola. São pessoas que tiveram de lutar para chegar onde estão — e isso as deixou mais fortes.

Fico ainda mais inspirado com pessoas que receberam cartas muito ruins, mas pegaram o que lhes foi dado e transcenderam os obstáculos. Isso ajuda a pôr as coisas em perspectiva para aqueles de nós que tiveram apoio dos pais e infâncias relativamente felizes. As histórias deles nunca deixam de nos inspirar.

Sandra Lee, criadora da Semi-Homemade Cooking, é adorável, brilhante e criativa e tem uma personalidade natural talhada para a televisão. Mas quando recebi Sandra no *The Big Idea*, eu disse logo de cara:

— Se eu a tivesse conhecido aos 15 anos, você seria a última pessoa que eu esperava ver sentada aí.

A história de Sandra é de partir o coração. Ela é filha de uma mãe solteira que era totalmente incapaz de tomar conta dela e da irmã. Quando Sandra tinha 2 anos, a mãe a deixou com a avó, disse que ia ganhar dinheiro e só voltou quatro anos depois. Nos cinco anos seguintes, Sandra e seus irmãos — que agora eram quatro — tiveram que aguentar a pobreza e os maus-tratos, até que a mãe morreu. Com 10 anos, Sandra se tornou uma mãe substituta para os irmãos e basicamente os criou sozinha. A propósito, foi nessa época que ela se interessou por culinária, já que tinha de usar sua criatividade com os tickets de alimentação e a pensão do governo. Ela brinca:

— Eu era a rainha da panqueca.

Aos 15 anos, Sandra foi morar com o padrasto em outro estado. Um ano depois, ele estava na prisão acusado de agressão e ela ficou sozinha. Enquanto ainda estava na escola, Sandra se viu obrigada a alugar o próprio apartamento e a arranjar um emprego para se sustentar.

Sandra era movida pelo pensamento de ser alguém na vida, mas como ela conseguiu forças para superar barreiras tão consideráveis?

Lição da Grande Ideia: Se você quer se dar bem na vida, escreva o seu próprio roteiro. Não se prenda ao roteiro fracassado do passado.

Onde ela conseguiu a motivação de ser bem-sucedida quando as únicas referências que ela tinha eram de fracassados? Para Sandra, foi tudo muito simples.

— Eu estava decidida a não acabar como eles. Queria ser uma pessoa diferente. Essa força veio de dentro de mim. É a hora em que você decide que vai ser a pessoa que você quer ser.

A virada dos meninos

O que separa os vencedores dos perdedores não é o fato de terem passado por uma catástrofe. É o que eles fizeram depois. Quantas vezes você viu uma pessoa famosa ser esmagada por um golpe aterrador e pensou "Bem, agora a carreira dela acabou"? Muitos de nós enfrentam um desastre assim na vida ou nos negócios e não podemos imaginar como seremos capazes de dar a volta por cima.

Martha Stewart é um exemplo perfeito. Admiro a Martha. Acho que é uma grande mulher. Eu a entrevistei no *The Big Idea*. Ela até me recebeu em seu programa e tentou — sem grande sucesso — me ensinar a cozinhar. Martha era uma empresária que sempre pareceu ter um controle perfeito de sua mensagem e de sua vida. E acabou indo parar na cadeia, acusada de fazer uso de informações confidenciais. Ir para a prisão deve ser a calamidade máxima que pode acontecer a alguém com o nível de realização de Martha. A maioria das pessoas teria ficado destruída de vergonha, sem contar o baque financeiro que seus negócios levaram. Durante os cinco meses que passou na prisão, o conglomerado multimídia de Martha ficou abalado. O preço das ações, que chegaram a valer mais de US$49, despencou para pouco mais de US$5. Seu programa de televisão foi tirado do ar e os anunciantes abandonaram sua revista.

A HORA EM QUE SUA GARRA É TESTADA **131**

Martha fez duas coisas muito corajosas. Primeiro, ela resolveu tirar proveito da experiência que estava tendo na prisão e passou o tempo sendo mentora de outras prisioneiras, levando a imprensa a chamar a prisão de "O campo dos bolinhos". Seu segundo ato de coragem aconteceu depois que ela saiu da prisão. Ela não se isolou. Não ficou se lamentando. Sem alarde, voltou a trabalhar e se dedicou a recuperar seu negócio. Em vez de se transformar num símbolo de vergonha empresarial, Martha se tornou um símbolo de força pessoal.

Donald Trump é outro. Trump tem a reputação de ser arrogante e implacável, mas eu o conheço pessoalmente e o que mais me impressiona é que ele é um cara que adora estar no jogo. Ele se recusa a ser derrotado. Trump faz tanto sucesso que muita gente não percebe que sua ascensão envolveu uma série de reveses dramáticos — principalmente sua quase-falência no início da década de 1990. Seu retorno, saindo da beira do abismo, foi um testemunho de sua ousadia e de seu gênio para os negócios.

Um espaço de meu programa é regularmente destinado a celebridades, mas meu foco é diferente da abordagem tipicamente adulatória que se vê na mídia de entretenimento. Quando entrevisto celebridades, não estou interessado em ouvir um catálogo de seus maiores sucessos. Quero saber dos momentos difíceis, porque é ali que encontramos as sementes da sabedoria. Se você colocar as celebridades num pedestal, e lhes der uma aura de invencibilidade, isso as tira do jogo. Não há nada a se aprender. Creio que o valor para os espectadores é saber como essas pessoas de sucesso superaram os piores desafios de suas vidas.

Muitos espectadores nos contaram como ficaram comovidos com a entrevista que fiz com Sean Combs — também conhecido como Diddy (ele tirou o "P" do apelido). Ele aceitou participar do programa porque queria que todos soubessem que o mundo do hip-hop não é uma estrada para o sucesso imediato. Ele não alcançou a fama de um dia para outro e não houve atalhos em sua carreira. Ele chegou

132 A GRANDE IDEIA

lá depois de anos de muitas horas de trabalho duro — e uma vida cheia de momentos em que sua garra foi testada.

Sean Combs recebeu dois grandes golpes no começo. Seu pai, que era sócio de um grande traficante, foi assassinado no Central Park quando Sean tinha apenas 3 anos. A mãe tinha de trabalhar em vários lugares só para pôr comida na mesa e Sean atribui a ela o crédito de ter-lhe incutido a disciplina e os valores que impediram que ele seguisse os passos do pai. A garra precoce de Sean se mostrou desde cedo quando, aos 13 anos, ele ficou conhecido como "o entregador de jornais mais bem-sucedido de todos os tempos". Ele fazia vários percursos na região e, em dado momento, ganhava US$600 por semana. Mas seu verdadeiro amor era a música. Na faculdade, todos os seus amigos conseguiam estágios em escritórios de advocacia e instituições financeiras. Mas ele pediu a Andre Harrell, presidente da Uptown Records, para contratá-lo como estagiário sem salário e engoliu todas as lições que pudesse aprender nos dois anos em que trabalhou sem receber. Ele conta:

— O dinheiro nunca foi o mais importante. A música, sim. Eu teria trabalhado dez anos de graça, se necessário fosse.

Sua primeira hora da verdade aconteceu aos 22 anos, quando ele estava crescendo na Uptown Records e foi despedido. Diddy reviu aqueles anos e foi brutalmente honesto sobre suas falhas.

— Fiquei grande demais para as minhas sandálias. Estava começando a fazer sucesso e comecei a andar pelo castelo como se tivesse uma coroa na cabeça, mas o castelo já tinha um rei e eu estava nu.

Diddy admite que saiu dos trilhos, perdeu o respeito pelas pessoas acima dele na hierarquia e deixou de jogar para a equipe. Ele nem percebeu que o golpe estava vindo. Mas um dia Andre foi até sua sala e disse que ele estava fora. Ele também falou aquela frase que não oferece qualquer consolo:

— Isso vai doer mais em mim do que em você.

Diddy ficou totalmente atordoado.

— Eu queria acreditar que fosse só um pesadelo. Passei dias e dias chorando. Meu coração estava aos pedaços.

Mas, olhando para trás, ele também entende que ser despedido foi um passo necessário em seu processo de maturidade. Ele voltou, mais humilde, com uma visão mais clara e tendo um maior respeito pelo meio. Ao se aliar ao lendário Clive Davis, ele virou um enorme sucesso.

Mas os momentos em que sua garra foi testada não terminaram aí. O que ele chama de "o pior dia da minha vida" ainda estava por vir. Foi o dia em que seu melhor amigo, Notorious B.I.G., a estrela do hip-hop que ele havia descoberto, foi morto diante de seus olhos saindo de um evento da indústria da música. Diddy ficou muito abalado. Caiu numa terrível depressão. Aquilo não era uma perda de emprego ou um fracasso empresarial. Era uma crise aparentemente intransponível. Então, o que ele fez? Primeiro, ele voltou ao que mais amava, fazendo uma gravação em homenagem a B.I.G. chamada "I'll Be Missing You". Mas a longo prazo, conta Diddy, não há outra solução para a dor. Você tem de lutar contra o sentimento todos os dias, pelo tempo que for necessário até sair do buraco.

> **Lição da Grande Ideia:** Faça sua força interior crescer do mesmo jeito que você faz seus músculos se desenvolverem e se agarre a ela durante as crises inevitáveis que acontecem na vida e nos negócios.

A história de Diddy foi uma inspiração para todos nós. Ele é um cara que precisou buscar inúmeras forças dentro de si para superar obstáculos impressionantes.

Um teste de vida e morte

O que começou como uma aventura divertida e apaixonada acabou levando a um teste de vida e morte para Heather Birdwell. Heather chamou muita atenção no *The Big Idea* — loura, forte, 1,82m de altura, linda — e claramente uma mulher que gostava de viver a vida no limite. Mas, em 2006, ela quase despencou no abismo.

Um pouco da história dela: quando Heather e sua irmã Holly eram meninas, elas passavam os fins de semana com o pai andando de motocicleta, quadriciclos e buggies em dunas. O lugar favorito era Glamis, uma área de dunas de areia montanhosas no sul da Califórnia, que atraía anualmente milhares de praticantes. A paixão que Heather e Holly tinham pelos esportes *off-road* levou-as a um conceito de negócio engenhoso. Elas se sentiam frustradas pela falta de equipamentos femininos para ciclistas e motociclistas mulheres e se ressentiam de ter de comprar roupas masculinas. E foi assim que a Damzl, uma linha de equipamentos de moto para mulheres, nasceu, com o slogan "deixe a máquina mais feminina".

Heather e Holly sabiam que era uma grande ideia e o pai concordou. Ele investiu no negócio que se iniciava e puseram o pé na estrada, vendendo os equipamentos num característico trailer cor-de-rosa. Num fatídico fim de semana, elas decidiram que estavam prontas para vender seus produtos em Glamis. Seria o grande momento da empresa.

Depois de um dia inteiro trabalhando nas vendas, Holly decidiu que queria dar um passeio antes do pôr do sol. Ela liderava um grupo de cinco quadriciclos que corriam por cima das dunas. Mas a visibilidade era precária e as dunas estavam cheias. Quando chegou à toda no topo de uma duna, Holly foi atingida na cabeça por um buggy e faleceu.

A perda da irmã foi uma tragédia inimaginável para Heather. Não só era um teste brutal para sua vida, mas também para a empresa. Será que ela conseguiria — e será que ela *deveria* — seguir adiante sem Holly? Como ela contou no programa:

— Eu não sabia se eu deveria ir em frente ou me encolher numa posição fetal.

A HORA EM QUE SUA GARRA É TESTADA **135**

Sem saber o que fazer, Heather decidiu que no mínimo teria que honrar os compromissos que já haviam sido assumidos pela irmã. E nesse processo de volta ao trabalho, ela rapidamente descobriu que se atirar nos negócios era uma grande ferramenta, uma espécie de terapia ocupacional. Ela também descobriu que pertencia a uma comunidade e o apoio de colegas e amigos na área a ajudaram a seguir em frente.

As feridas de Heather ainda não cicatrizaram, e a Damzl ainda é uma empresa pequena, mas em expansão. Não tenho dúvida de que é um negócio que vai faturar muitos milhões de dólares, porque Heather tem a garra de sobreviver a longo prazo.

> **Lição da Grande Ideia: Às vezes, as grandes tragédias da vida mostram do que realmente somos feitos, testando nossa força de vontade e nossa determinação. Heather passou no teste, encontrando uma maneira de honrar a irmã e continuar com o sonho que elas compartilhavam.**

Seja destemido

A televisão é um dos negócios mais perigosos do mundo. Você se arrisca diariamente, seu rosto está na frente de todo mundo e os concorrentes estão sempre em seus calcanhares. A espada da prestação de contas é absolutamente rápida e certa, na forma dos índices de audiência. Esse não é um lugar seguro e as pessoas que por natureza são atraídas para a televisão precisam ser destemidas.

Quando comecei na CNBC, muita gente perguntou:

— Será que esse cara vai dar certo na televisão? Ele nunca foi testado.

Por algum tempo, a mídia repercutiu esses comentários. Tomei uma atitude diferente. Escolhi ser destemido. Talvez eu desse certo, talvez não, mas eu sabia que me sentiria pior se desistisse do que se tentasse e não desse certo.

136 A GRANDE IDEIA

A maior lição que aprendi ao longo dos anos é que precisamos transformar o fracasso em nosso amigo. É surpreendente a quantidade de pessoas que não chega aonde quer porque tem medo do fracasso. Sempre que converso com pessoas ultrabem-sucedidas, o que elas falam com a maior paixão é como seu maior crescimento nasceu das lições que o fracasso lhes ensinou. Não é possível atingir a grandeza sem topar com alguns fracassos pelo caminho.

O destemor pode ter várias formas e algumas das histórias de sucesso mais extraordinárias acontecem em meio a desafios quase intransponíveis. Por exemplo, o que você diria de uma estratégia de negócio como a de Fred De Luca? Toda vez que a empresa dele parecia dar errado, ele respondia abrindo mais uma loja. E quem é Fred DeLuca? O fundador da rede Subway, que fatura US$10 bilhões. A história de Fred é um exemplo de destemor.

Em 1965, Fred era apenas mais um menino dos conjuntos habitacionais do Bronx tentando juntar dinheiro para a faculdade. Ele perguntou a um amigo da família o que deveria fazer e ouviu:

— Você deveria abrir uma loja de sanduíches. Se estiver interessado, posso ser seu sócio e lhe dar US$1.000.

Naquela época, uma pessoa podia ir bem longe com US$1.000. Os aluguéis eram baratos, assim como os ingredientes de que Fred precisava para fazer sanduíches. Ele abriu a loja, distribuiu panfletos pela vizinhança, pôs seus amigos para trabalhar e no primeiro dia vendeu trezentos sanduíches.

Mas logo as vendas caíram porque, como ele disse, "não sabíamos o que estávamos fazendo". Ameaçado de extinção, Fred fez aquilo que ele se lembra como uma opção totalmente estapafúrdia. Abriu uma segunda loja, para dar a impressão de que estava indo bem. As duas lojas pareciam até estar dando lucro quando ele abriu a terceira — e as três começaram a despencar. Por isso, ele abriu uma quarta! E então uma quinta. A quinta loja finalmente decolou e a Subway começou a crescer. Fred assinou o primeiro contrato de franquia em

1974 e hoje são mais de 29 mil franquias Subway espalhadas pelo mundo — inclusive em várias bases militares no Iraque.

A decisão de Fred DeLuca de se expandir nos momentos difíceis pode parecer por si só uma loucura. Mas Fred acreditava em si mesmo e em seu produto e não desistiu até fazer tudo dar certo.

REGRAS DO DONNY: ADMITA O FRIO QUE SENTIR NA BARRIGA

A melhor maneira de se preparar para as reviravoltas inesperadas que podem atingir você no futuro é praticar a coragem todos os dias. E o que quero dizer com isso? Não me interessa qual é seu negócio, vai haver regularmente momentos em que você vai sentir um frio na barriga: uma apresentação importante a um novo cliente, um relatório para seu chefe, a demonstração de um produto para um comprador... pode preencher como quiser. Nesse momento, mesmo que você tenha toda a confiança do mundo, você sabe que existe uma chance de ser rejeitado. Se você não estiver muito nervoso, então não é humano. Portanto, abrace o frio que sentir na barriga. E, quando sair do outro lado, lembre-se de como foi sentir o medo e lembre-se de que mesmo assim você foi lá e fez o que tinha de fazer.

CAPÍTULO **11**

Disseram que eu nunca conseguiria

Todo mundo sabe que os seres humanos não podem voar, certo? Se Deus quisesse que nós voássemos, Ele teria nos dado asas, não é? A cena de James Bond em *007 contra a chantagem atômica*, na qual ele veste uma turbina portátil para escapar de seus perseguidores, foi só um efeito especial, certo? Uma pessoa comum não poderia fazer uma coisa *daquelas*, poderia?

Errado, errado, errado e, mais uma vez, errado. Posso falar porque já vi com meus próprios olhos. Troy Widgery, da Jet Pack International, sonhou em voar desde que, quando criança, ficou enfeitiçado com o feito de James Bond em *007 contra a chantagem atômica*. Em 2003, Troy e dois amigos, John Hewatt e Dave Butler, começaram a pensar como eles poderiam inventar uma máquina voadora pessoal que seria fácil para uma pessoa comum amarrar e usar. A Bell Aerosystems já tinha tentado fazer uma na década de 1960, mas era um modelo muito precário — pesado, pouco prático e capaz apenas de cobrir distâncias muito pequenas. Troy, John e Dave se aproveitaram da tecnologia mais moderna e dos maiores avanços da engenharia para criar o Go Fast Jet Pack, uma máquina voadora totalmente individualizada. E sabem de uma coisa? Funcionou.

140   A GRANDE IDEIA

Troy apareceu na CNBC num ensolarado dia de primavera para mostrar seu *jet pack* — prendendo-o em Eric Scott, sua cobaia humana. Todos nós ficamos no chão, embasbacados, enquanto Eric subiu, atravessou o prédio da CNBC pelos ares e foi aterrissar perto do estacionamento. A demonstração durou apenas trinta segundos, mas pareceu muito mais longa. Tenho de dizer que esse projeto me emocionou, porque tocou naquele lugar romântico onde todos os sonhos se tornam realidade. Como a maioria dos meninos, cresci lendo as histórias dos primeiros inventores e vendo os filmes das primeiras máquinas voadoras. Parecia que tudo aquilo havia saído de cem anos atrás — como se todos os esquemas ousados pertencessem ao passado. Ser testemunha da versão do século XXI desse nível de inovação foi um grande momento. James Bond tinha uma frase suave e galante no filme para se referir ao *jet pack*: "Nenhum homem bem-vestido deveria andar sem o seu." Graças a Troy Widgery, isso pôde virar realidade. A criatividade humana é ou não é maravilhosa?

O que me leva ao propósito dessa história: nunca diga nunca.

Seja com máquinas voadoras ou salgadinhos feitos com vegetais, todo empreendedor bem-sucedido que conheci encontrou um oceano de dúvidas. É a natureza da fera. Se você tem uma ideia revolucionária, as pessoas vão tentar não apenas destruí-la, mas a você também. Aliás, algumas das ideias mais importantes dos últimos cinquenta anos quase não saíram das pranchetas, graças a esse bando de sabe-tudos. Disseram que não era possível — e alguém foi lá e fez.

Segure o obituário

Alguém já falou que sua ideia é uma droga? Cynthia Good, fundadora da revista *PINK*, veio ao programa e nos contou como foi desprezada quando tentou vender sua ideia para uma revista de negócios feminina. Cynthia é incrivelmente inteligente, criativa e agradável — pode dirigir *minha* revista quando quiser. Quando teve a ideia da

PINK, Cynthia já produzia uma revista local para mulheres em Atlanta e sabia que não havia nada em âmbito nacional que desse às mulheres o que elas realmente precisavam — conselhos a pessoas como ela, que queriam ter mais sucesso nos negócios, ao mesmo tempo em que tinham mais alegria em sua vida pessoal.

— É a revista que eu queria que existisse quando eu estava começando — contou Cynthia. — As mulheres vivem assim: fecham grandes negócios, depois telefonam para casa para se assegurar de que as babás compraram o leite e o papel higiênico. E ninguém se reportava a essas necessidades.

Cynthia e sua sócia, Genevieve Bos, apresentaram a ideia às grandes empresas de revistas para mulheres, como a Condé Nast e a Hearst.

— Praticamente todo mundo da indústria falou "Você está maluca. Não faça isso" — recordou Cynthia. — Eles diziam: "Como é que duas mulheres vão lançar uma revista se nós gastamos US$100 milhões num lançamento?"

Um especialista chegou a dizer:

— Vocês não podem lançar uma revista. Vocês não sabem que as revistas já morreram?

Qual foi a mensagem que Cynthia levou para casa? Se o mundo está escrevendo seu obituário e você ainda está respirando, não fique deitado e morra. Cynthia e Genevieve começaram a administrar sua empresa de uma mesa de piquenique no quintal da casa da Cynthia. Elas tomaram a decisão de que iriam levantar receita de publicidade antes de ir a uma gráfica. Quando receberam parcas respostas das agências de propaganda, foram direto aos tomadores de decisão das empresas, jogando com o desejo de apoiar as mulheres dentro das próprias empresas em que trabalhavam. Ao moldar sua mensagem para um público que queria ouvi-la, elas conseguiram decolar.

Lição da Grande Ideia: Escute seu coração. Se você sente uma necessidade, há uma grande chance de outras pessoas também sentirem. Todas as rejeições do mundo não podem contradizer o que é verdadeiro para você.

142 A GRANDE IDEIA

Em apenas dois anos, a *PINK* conseguiu um público notável de 450 mil leitoras. Continua sendo a única revista feminina de negócios em âmbito nacional — tudo porque duas mulheres tiveram a visão e a garra de fazer as coisas acontecerem. Na revista, conta Cynthia, elas são fanáticas por cultivar uma cultura de possibilidades.

— Eu multo os funcionários que dizem *não posso*.

A melhor vingança é ganhar milhões

Assim que você dá a alguém o poder de dizer não, você morre. Cordia Harrington, fundadora da Tennessee Bun Company, é uma das empreendedoras mais inspiradoras que já apareceram no *The Big Idea*. A filosofia dela — que já lhe valeu milhões — é "*Não* não é uma opção".

Há vinte anos, Cordia era uma mãe solteira com dificuldade de criar três filhos pequenos, à procura de uma oportunidade de negócio que permitisse que ela passasse mais tempo com as crianças. Alguém sugeriu que ela deveria abrir uma franquia do McDonald's e ela decidiu que poderia. Mas não era uma coisa simples. Naquela época, existiam poucas mulheres franqueadas no sistema. Ela precisava convencer os mandachuvas da empresa, cuja primeira resposta foi:

— O que faz você pensar que *você* pode administrar uma lanchonete McDonald's?

Contando apenas com força de vontade e nenhuma experiência, Cordia conseguiu abrir caminho para os primeiros lugares da fila e, quando surgiu a oportunidade de uma franquia em Effingham, Illinois, ela botou os filhos no carro e partiu para lá.

Foi quase um desastre. Com um pagamento obrigatório de US$27 mil por mês ao McDonald's, Cordia precisava vender muitos hambúrgueres e simplesmente não havia uma cartela de clientes. Por isso, ela decidiu aumentar a clientela com um plano realmente impressionante. É uma de minhas histórias favoritas do programa. Cordia pegou uma franquia dos ônibus Greyhound e colocou-a na esquina ao lado do McDonald's. Com 88 ônibus diários embarcando e desembarcando passageiros famintos, seu McDonald's cresceu muito. De repente, ela era uma estrela no império McDonald's.

Mas ainda não era o suficiente para Cordia. Depois que lhe pediram para entrar para o comitê de pães do McDonald's (entendam isso: eles têm um comitê de *pães*!), ela começou a pensar em se tornar uma fornecedora de pães para a rede. Tinha certeza de que poderia fazer melhor. E começou a perguntar:

— Como é que viro uma fornecedora?

Foi imediatamente rejeitada — 31 vezes. Na 32ª entrevista, ela recebeu um sim. Hoje, sua Tennessee Bun Company fatura mais de US$50 milhões por ano.

Essa é uma história real de uma pessoa que foi da pobreza à riqueza. Não há a menor dúvida de que todo o processo envolveu muitos anos de lutas. Cordia fez das tripas coração para fazer seu sonho virar realidade. Mas o elemento absolutamente fundamental foi sua recusa em desistir.

Lição da Grande Ideia: Continue batendo nas portas até encontrar a pessoa que diga sim para seu sonho. Essa pessoa existe. Você só tem de encontrá-la. A persistência sempre compensa.

VOCÊ TEM POTENCIAL PARA SER UM MILIONÁRIO? FAÇA O TESTE DE CYNTHIA GOOD

Cynthia Good, CEO da revista *PINK*, preparou uma lista de perguntas importantes que você deve fazer para si no intuito de se certificar de que possui o potencial de um milionário. Se você escavar bem e realmente disser sim às perguntas abaixo, então você pode ter as características necessárias para ganhar milhões. Lembre-se de que você precisa dizer sim para TODAS as questões.

1. Você está disposto a avaliar a sua vida honestamente? ☐ Sim ☐ Não
2. Você está disposto a dizer "estou farto disso!"? ☐ Sim ☐ Não
3. Você está disposto a ver as portas se fecharem na sua cara? ☐ Sim ☐ Não
4. Você está disposto a perder noites de sono e sacrificar seu tempo pessoal? ☐ Sim ☐ Não
5. Você está disposto a ser diferente e criar algo único? ☐ Sim ☐ Não
6. Você está disposto a arriscar TUDO? ☐ Sim ☐ Não

Quatro maneiras de transformar uma rejeição

Mesmo o vendedor mais talentoso e persistente do mundo às vezes tem de receber um "não" como resposta. Mas você pode fazer a rejeição trabalhar a seu favor. O que você vai fazer quando alguém pisar na sua grande ideia? Eis quatro maneiras de tirar vantagem de uma rejeição.

1. Fazer de cada NÃO uma abertura e não um fim

Mesmo se alguém rejeitar sua ideia hoje, isso pode ser uma oportunidade de contato amanhã. Pouquíssimas pessoas vão dizer "Não se atreva a bater em minha porta novamente." O fato é que, na maioria das vezes, elas vão se sentir um pouco mal por tê-lo decepcionado. Pergunte: "O senhor se incomodaria se eu lhe passasse algumas informações sobre meu progresso no futuro?" Garanto que a maioria das pessoas vai responder que sim. E então continue a fazer contato. Adicione-os a seu catálogo e mantenha o contato enquanto o negócio estiver crescendo.

2. Vá além do NÃO

Transforme a rejeição em uma oportunidade de fazer uma pesquisa valiosa. Em cada NÃO há pequenas informações que vão ajudá-lo a refinar sua apresentação de venda e seu produto. Em vez de sair de fininho, fique na cadeira pelo tempo que lhe permitirem e extraia as informações que puder. Que informações eles têm sobre o mercado que você ainda não possui?

3. Não generalize o NÃO

Nenhum produto ou serviço é adequado para todo mundo. Se você for rejeitado, há uma boa chance de não ter segmentado bem seu nicho. Ou talvez você tenha se aproximado da pessoa errada. Antes de sair da reunião, pergunte se a pessoa com quem você esteve pode sugerir outros contatos que possam estar interessados em seu produto ou serviço.

4. Receba um SIM na próxima vez

Já ouvi dezenas de histórias de empreendedores bem-sucedidos que continuaram insistindo, às vezes por anos, em bater nas mesmas portas. Eles têm uma atitude de "vou mostrar uma coisa" que nunca abandonam.

REGRAS DO DONNY: AS CHAMADAS TELEFÔNICAS

Você sua frio só de pensar em pegar o telefone e tentar efetuar uma venda? Isso não é um impedimento físico. É uma barreira emocional e você precisa separar as consequências desse ato e das catástrofes da vida real. Anime-se perguntando a si mesmo: "Qual é a pior coisa que pode me acontecer?" A resposta não é assim tão medonha: "Podem dizer não!" Você não vai morrer. Você não vai ser arrastado para a prisão das más ideias. Não vai perder sua camisa. Não vai ficar doente. Talvez você fique envergonhado por um instante, ou decepcionado por uma semana, mas são preços pequenos a se pagar para realizar um sonho.

Não perca muito tempo se lamentando. Suba de novo no cavalo. Pegue o telefone e ligue para a próxima pessoa da lista.

CAPÍTULO 12

Salvo por uma grande ideia

Você gastou seu último centavo, está morando num pardieiro, chegou ao fundo do poço. Você pode ser salvo por uma grande ideia?

As pessoas nunca se cansam de ouvir as histórias das verdadeiras viradas. Quais são os segredos das pessoas que usaram o fracasso como trampolim para o sucesso?

Disparando lá do fundo

Existem muitas ocasiões em que a grande ideia que rendeu milhões nasceu da adversidade. Recebemos um cara no programa chamado Kaile Warren, um ex-empreiteiro que criou uma empresa incrível chamada Rent-A-Husband [Alugue um Marido]. Kaile é uma história de sucesso nacional, mas ele fundou a empresa quando sua vida atingiu o fundo do poço. Kaile havia sido dono de uma pequena empreiteira por vários anos, mas quando um acidente o obrigou a fechar as portas, as dívidas começaram a crescer. No fim, ele perdeu tudo. Numa noite, Kaile, que não tinha mais uma casa para morar, estava sentado num depósito abandonado, no fim da linha, quando uma ideia surgiu em sua cabeça: *Rent-a-Husband — para aqueles serviços que nunca são bem-feitos*. Será que isso poderia virar um negócio? Ele pensou: "Estou duro, sem ninguém e tenho quase 40 anos. O que mais tenho a perder?"

Lição da Grande Ideia: A história de Kaile parece um milagre, mas ele teve de trabalhar para que esse milagre acontecesse. A chave é que ele não se virou de lado e voltou a dormir. Ele não acordou no dia seguinte e disse: "Quem eu penso que sou?" Ele agiu, dando um pequeno passo após o outro.

Como é que um cara que só tem a roupa do corpo começa um negócio? Kaile conhecia um grupo local de apoio a mulheres divorciadas e foi visitá-lo com um folheto escrito à mão que dizia: "Precisa de um marido? É óbvio. Por que não me alugar?" Ele recebeu mais de cinquenta telefonemas e seu trabalho chamou a atenção da mídia local. Não só sua ideia é inspiradora, ela também é uma *grande* ideia.

Atualmente, Kaile tem uma empresa que opera nos Estados Unidos, escreveu um livro e é colaborador da CBS para reformas no lar. Ele literalmente foi salvo por uma grande ideia.

Comece com o que você já sabe

Outra convidada inspiradora no *The Big Idea* foi Nadja Piatka, que agora está no comando de uma empresa de US$20 milhões, que nasceu da garra e do desespero. Dez anos antes, Nadja era uma mãe que trabalhava como dona de casa e era a feliz esposa (assim ela pensava) de um dentista. Eles passavam por um aperto financeiro normal, com a casa hipotecada, mas caminhando. Então, um certo dia, o marido de Nadja chegou à casa deles e comunicou que tinha conhecido outra pessoa. A vida de Nadja mudou dramaticamente.

SALVO POR UMA GRANDE IDEIA 149

Com dois filhos, pouquíssimo apoio do marido, sem renda, sem formação profissional e sem pensão, Nadja se encontrava numa situação desesperadora. Ela se lembra com clareza do momento em que atingiu o fundo do poço. Um cobrador foi até a casa dela e ela disse à filha para se esconder debaixo da mesa para que elas não pudessem ser vistas pela janela. Foi uma humilhação extrema, superada apenas pelo olhar que a filha lhe lançou.

Nadja adorava cozinhar e decidiu tentar dar uma chance a algo que sabia fazer — versões mais saudáveis de sobremesas. Então, começou a levá-las às lojas locais, onde seus *"brownies"* foram um grande sucesso. Sua primeira grande venda foi a receita de um *muffin* de baixas calorias para o McDonald's do Canadá.

Anos depois da Nadja Foods ter decolado, ao ser homenageada pela Foundation of Canadian Women Entrepreneurs como a Empreendedora do Ano, Nadja se virou para a filha e disse:

Lição da Grande Ideia: Nadja vislumbrou o sucesso antes de chegar lá, acreditando que se pudesse imaginar que seus produtos estariam por toda a parte, eles realmente estariam em toda a parte. Ela costumava imaginar seus *brownies* no balcão da Subway — e agora eles estão lá.

— Agora, nós estamos sentadas à mesa.

Suba pela escada rolante que desce

Dani Johnson é uma consultora de sucesso com milhares de clientes, que aconselha alguns dos maiores CEOs dos Estados Unidos. E isso é notável quando se ouve a história dela. Dani sofreu maus-tratos quando criança, ficou grávida aos 17 anos e sem-teto aos 21. Ela morava no próprio carro quando decidiu que não seria mais uma desabrigada. Dani não tinha nenhuma base para construir um negócio — nem telefone, nem cartões de visita, nem panfletos,

150 A GRANDE IDEIA

nem recibos, nem mesmo um produto. Tudo o que ela possuía era sua personalidade e sua determinação. Ela viu que podia falar, portanto conseguiu convencer uma empresa de produtos de saúde a lhe dar uma chance como vendedora por comissão. Eles não tinham nada a perder; ela só ganharia com aquilo que vendesse. O escritório de Dani era uma cabine telefônica e ela era muito boa. Num pequeno período, Dani já era a líder de vendas da empresa. A partir daí o sucesso cresceu — e com o tempo ela acabou sendo procurada como guru por outras pessoas que também lutavam para se firmar.

Aqui vão as estratégias de sucesso que Dani compartilhou conosco em *A grande ideia*:

1. Prepare-se para uma maratona, não para uma corrida de 100m. Quando Dani começou a crescer, ela se concentrava tanto em ganhar milhões que acabou não se cuidando. Depois de sofrer um ataque cardíaco aos 24 anos e um colapso nervoso aos 25, ela percebeu que seu sonho tinha de ser mais profundo do que ir atrás do dinheiro — e que tinha de atenuar o ritmo de seu sonho.

2. Veja o peso do ego e o da conta bancária. Dani percebeu que muitas pessoas que ela encontrava no mundo dos negócios tinham grandes egos e contas bancárias pequenas. Ela começou a prestar atenção naqueles que eram comprovadamente bem-sucedidos, não naqueles que falavam muito. Ela ficou na sombra dos vencedores para descobrir como eles conseguiram.

3. Prospere com aquilo que você plantou. Mostre com pequenas coisas que você é de confiança. Comece com cinco empregados e, trabalhando bem, você logo chegará a cinquenta funcionários.

4. O mercado paga a quem gera valor. As pessoas são leais a pessoas, e não a produtos. Se você estabelecer uma boa relação com seus clientes, ficará à prova de recessões.

5. Crie resultados para os outros. Não pergunte "quanto posso ganhar?" Pergunte "quem posso ajudar a ser bem-sucedido agora?"

A grande ideia que salvou a Dani não foi um produto, nem um serviço. Foi a própria Dani. Sua capacidade de entender a maneira como as pessoas agem e de se comunicar com elas de coração a salvou. E agora ela está no negócio de salvar os outros.

REGRAS DO DONNY: O POÇO SEM FUNDO DAS POSSIBILIDADES

Eu não posso dizer quantas vezes eu já ouvi histórias de pessoas que chegaram ao "fundo do poço" e conseguiram mudar de vida. O segredo está aqui: não *existe* o fundo do poço. É quase como uma crença religiosa — de que você pode ser salvo por uma grande ideia. Se você acha que chegou ao fundo, comece a escavar o solo. Garanto que você vai encontrar mais uma camada. Você tem a garra para estar sempre escavando?

CAPÍTULO 13

Quem disse que é tarde demais?

Você acha que seu tempo já passou — que o trem partiu da estação sem você? Você tem mais arrependimentos do que sonhos?

Por mais que eu goste de ver garotos cheios de energia que conseguiram vencer, a maior inspiração vem daqueles que decidiram, no meio da vida, correr atrás de sonhos que vinham sendo acalentados desde que eram meninos. A visão tradicional é de que, quando as pessoas ficam mais velhas, elas se tornam mais avessas ao risco. Eu não estou tão convencido. Já vi muita gente mudar de vida aos quarenta, cinquenta, sessenta anos e até mais do que isso.

Quando entrevistei Joy Behar, a popular comediante e coapresentadora de *The View*, muitos espectadores ficaram surpresos em saber que ela nunca tinha feito *stand up comedy* até os 40 anos. Como ela disse no programa:

— Até os 40 anos, fiz tudo o que esperavam de mim. Fui professora porque era isso o que esperavam de mim. Fui esposa e mãe pelo mesmo motivo. Mas o fato é que não era o suficiente. Eu tinha uma pequena voz dentro de mim que dizia: "Você tem de fazer o que *você* tiver vontade de fazer."

E foi isso o que ela fez — brilhantemente, como todos podem ver.

Não são apenas as pessoas declaradamente insatisfeitas com suas carreiras que sonham com mudanças. Você pode trabalhar numa profissão por várias décadas, chegar a ter muito sucesso e gostar do que faz, e ainda assim sentir aquela coceirinha de ir atrás de um novo desafio. Foi o que aconteceu comigo. Quando decidi vender a Deutsch, não era porque eu precisava vender. A agência estava mais forte do que nunca. Mas a paixão que me fez ir adiante nos anos de vacas magras já não existia mais. Era como ler uma história de mistério emocionante e já conhecer o final. Diminui a emoção. A ironia do sucesso é que você pode acabar se protegendo daquilo que você mais gosta — a luta. A maioria das pessoas bem-sucedidas passa a ficar numa zona de conforto. Eu queria um novo desafio do qual eu não soubesse o final.

Reconheço que nem todo mundo tem essa necessidade. Algumas pessoas conseguem descobrir uma nova paixão no trabalho todos os dias. Ótimo para elas. Mas como *A grande ideia* se dirige aos sonhadores e aos amantes do risco, costumo ver mais gente que dá aquele pulo no escuro. Movidos por pura paixão, por desespero ou às vezes ambos, elas escolhem acelerar quando seus amigos já estão diminuindo o ritmo.

Crise da meia-idade = oportunidade

Certamente você ouviu falar do provérbio chinês de que uma crise é igual a uma oportunidade. Leve isso ao pé da letra. Nesta fase difícil da economia, conversei com muitas pessoas que perderam seus empregos ou tiveram que mudar para um posto menor depois de 25 ou 30 anos na mesma empresa. Elas estão voltando ao mercado num momento terrível, competindo com pessoas com a metade da idade delas e dispostas a trabalhar por metade do salário. Isso é que é crise! Outras pessoas passam por uma crise interior — sentem-se presas a um trabalho que odeiam, marcando os segundos até a aposentadoria. Isso lá é maneira de se viver? A diferença entre a pessoa que afunda e aquela que prospera é um reconhecimento instintivo de que a crise é uma oportunidade.

Michael Gates Gill tem de ser o garoto propaganda da transformação da meia-idade. Ele escreveu sobre isso em seu best-seller *Como a Starbucks salvou a minha vida* e contou sua experiência no *The Big Idea*. Michael é um caso real — o tipo de história que faz todo mundo parar para pensar no que realmente importa em suas vidas.

Michael foi membro do clube dos espermatozoides sortudos. Seu pai era o famoso escritor Brendan Gill e a infância de Michael foi de grande riqueza. Ao concluir a faculdade, ele entrou para a J. Walter Thompson porque isso era o que se esperava dele e passou a maior parte da vida como diretor de criação da empresa por várias décadas, sem nunca se perguntar o que estava fazendo ou se gostava do que fazia. Nesse processo, ele se exauriu, e as pessoas começaram a perceber. Aos 53 anos, Michael foi despedido — um golpe grande, mas não mortal. Ele achava que ia virar consultor e assim foi por mais dez anos, devidamente munido de uma agenda telefônica cheia de contatos. Mas quando passou dos 60 anos, os telefonemas foram gradualmente escasseando e Michael tocava o fundo do poço. Seu casamento desmoronou, ele estava sem dinheiro e exatamente quando pensava que as coisas não poderiam se tornar piores, ele recebeu o diagnóstico de que estava com uma doença rara no cérebro.

Aos 63 anos, sem plano de saúde, nem perspectivas, Michael se enfurnou certo dia num Starbucks para afogar suas mágoas num *latte*. Como que por obra do destino, estavam no meio de um processo de recrutamento e alguém perguntou se ele queria um emprego. O desespero ou uma imensa coragem — ele não tem certeza do que foi — o levou a dizer sim. Um ponto que ajudou muito foi a política da Starbucks de proporcionar plano de saúde a funcionários de meio expediente.

156 A GRANDE IDEIA

E assim, num resumo muito rápido, a vida de Michael foi salva, não só financeira e fisicamente, mas também no campo mental e emocional. Ele encontrou um ambiente no qual os funcionários eram tratados com respeito e uma amável cordialidade, no qual ele não era julgado pelo sobrenome ou pelo pedigree da ocasião, mas por sua humanidade e sua ética de trabalho. Michael contou que se deparar com essa nova vida foi uma experiência inspiradora.

Lição da Grande Ideia: Existem riquezas a serem descobertas quando você sai de sua zona de conforto.

— Sou mais feliz hoje trabalhando como atendente e vestindo um avental verde do que vestindo um terno da Brooks Brothers.

Será que é assim tão simples? Parece ser, quando você olha para Michael. Ele não se sente diminuído, envergonhado, deprimido ou embaraçado. Ele até parece grato. É absolutamente autêntico e faz você parar para pensar. E, a propósito, nesse processo de descobrir a si mesmo, Michael descobriu que era um escritor muito bom. Seu livro virou um grande best-seller.

Da riqueza à pobreza e de volta à riqueza

Por mais inspiradoras que sejam as histórias das pessoas que vão da pobreza à riqueza, as histórias de quem era rico, ficou pobre e depois volta à riqueza, como as de Michael, também são instigantes. Aqui vai mais uma com a qual as pessoas de meia-idade vão se identificar. Stephen Key chegou aos 50 anos achando que a espiral de dinheiro nunca terminaria. Ele tinha criado um produto quentíssimo, um rótulo especial chamado Spinformation e vendeu três milhões de unidades em cinco anos. Seu contador lhe disse que ele nunca iria conseguir gastar todo esse dinheiro e Stephen levou isso ao pé da letra. Ele e sua família gastavam faustosamente e economizavam pouco. Então, um dia, o negócio secou, e Stephen foi de seus milhões ao zero repentinamente. Com três filhos prestes a entrar na faculdade, ele sabia que tinha de voltar a subir no cavalo, mas o que poderia fazer?

A crise de Stephen passou a ser sua oportunidade. Enquanto ele procurava desesperadamente um novo estilo de vida, uma luz se apresentou no fim do túnel, na forma de um amigo com uma ideia. Agora tenho de fazer uma pausa aqui e afirmar que nem todo mundo teria agarrado esse conceito específico e seguido com ele — especialmente um cara de cinquenta e tantos anos sem qualquer experiência com o produto ou o mercado em questão. Mas Stephen aceitou o desafio.

A ideia era até bem simples, no entanto, completamente desconhecida — palhetas de guitarra desenhadas e formatadas com motivos icônicos. O primeiro desenho de Stephen foi um crânio. Será que funcionaria? Difícil de dizer, já que nos oitenta anos de história das palhetas de guitarra, elas nunca se afastaram muito do desenho básico em formato triangular. Stephen levou desenhos do tal crânio para as lojas de música e perguntou aos funcionários o que eles achavam. Eles adoraram. Stephen levou uma palheta de crânio para um congresso do ramo e funcionou imediatamente. Nascia a Hot Picks. Ele capturou a imaginação da indústria entendendo seu mercado — os garotos moderninhos.

Incentivado por esse rápido entusiasmo, Stephen se pôs a trabalhar e acabou criando 150 modelos. Existem palhetas de guitarra do Mickey, de vampiros, de temas de rock, de filmes. Qualquer tema quente logo dá origem a um novo design.

Quatro anos depois do lançamento, a Hot Picks vende avidamente em 10 mil lojas — inclusive na rede Wal-Mart, onde elas saem num ritmo de 20 mil por dia. E Stephen está se esbaldando em sua nova vida. Ele é a prova viva de que uma grande ideia pode surgir em qualquer idade.

Lição da Grande Ideia: Você não precisa ser jovem para ser da hora. Grandes ideias são sempre da hora.

158 A GRANDE IDEIA

Qual é a história de *sua* segunda vida?

Quando é que alguém reconhece que está na hora de escrever um novo roteiro? Marianne Williamson, a escritora e palestrante aclamada cuja perspectiva espiritual já inspirou milhões de pessoas no mundo inteiro, visitou *The Big Idea* para compartilhar a sabedoria de seu livro mais recente, *A idade dos milagres*. O objetivo de Marianne é revolucionar a meia-idade. A maioria das pessoas pensa no envelhecimento como uma época em que as oportunidades diminuem. Ela quer reenquadrar essa etapa da vida como uma época de possibilidades que só aumentam.

Essa é uma ideia intrigante. Encontro tanta gente de minha idade, ou mais velha, que não consegue superar o bloqueio mental de que os melhores anos de suas vidas já passaram. Elas não acreditam quando digo que os 60 anos de hoje correspondem ao que antes era a marca dos 40 e que os 40 anos de hoje equivalem ao que antes era a marca dos 30. Todos nós conhecemos gente assim. Elas gostam de falar sobre como a juventude os está expulsando e podem ser muito amargas nesse sentido. Sempre fico impressionado quando um sujeito que era o máximo sua profissão, capaz de mover montanhas, começa a se ver no papel de vítima assim que chega aos 50. Se você quiser abandonar esse modo de pensar a respeito da própria idade, você tem muito a seu favor, coisas com as quais o pessoal mais novo não pode nem se equiparar. Sua vantagem competitiva se apoia nos seguintes pontos:

1. Você já passou por isso, já fez aquilo

A maioria de nós é capaz de se lembrar de momentos da nossa juventude nos quais experimentamos um fracasso ou uma rejeição avassaladora e pensamos "nunca vou conseguir me recuperar de uma coisa dessas". Mas nós nos recuperamos e até passamos a encarar esse momento como uma parte definidora de nosso sucesso. As pessoas jovens não têm a vantagem do retrospecto para dar uma perspectiva às batalhas. Você sabe que pode superar barreiras porque já passou por isso. O fim do mundo nunca é o fim do mundo.

2. Sua caixa de ferramentas já está cheia

Nenhuma experiência é perda de tempo. Nenhum contato é irrelevante. Dê uma olhada naquilo que você conseguiu acumular ao longo dos anos. Sente-se e faça uma lista do que há em sua caixa de ferramentas. Qual sua base de conhecimento, o que você já fez, quem você conhece?

3. Você está livre para inventar

Antigamente, quando as pessoas chegavam aos 50 anos, os filhos delas já tinham saído de casa e elas tinham mais liberdade para mudar de rumo. Hoje isso não é mais verdade. Eu mesmo sei disso. Tenho 50 anos e uma filha ainda criança. Mesmo assim, existe uma nova forma de criatividade surgindo entre os *baby boomers*. As antigas imagens de aposentadoria não atraem mais tanta atenção. Existe mais liberdade para se reinventar.

Um dos casos mais extraordinários que conheço em matéria de reinvenção é o de Jesse Ventura. Aos 51 anos, ele já teve mais vidas do que um gato, cada uma delas incrível e gratificante de uma maneira diferente — já foi mergulhador de combate da Marinha, lutador profissional, ator, governador do Minnesota, escritor, apresentador de rádio e televisão. O que impressiona no caso de Jesse é que, independentemente de que chapéu ele esteja usando, sua personalidade está sempre presente. Ele dominou a arte de ir atrás de oportunidades sem comprometer sua identidade. E Jesse tem uma qualidade que é sempre muito importante: *atitude.*

160 A GRANDE IDEIA

Tudo começa com a atitude. É um fato da vida de acordo com o qual os outros vão tender a lhe ver do jeito que você se vê. Conheço senhores de 30 anos e jovens de 60 — o número na carteira de identidade não é desculpa. O coronel Sanders tinha 65 anos quando lançou sua franquia de frangos. Nunca é tarde demais. Seu trem está parado na estação e só depende de você a decisão de embarcar ou não.

**FERRAMENTAS DA GRANDE IDEIA
RECURSOS PARA QUEM ESTÁ NA TERCEIRA
IDADE**

* **The Service Corps of Retired Executives — SCORE [Corpo de Serviço de Executivos Aposentados] (www.score.org): Um parceiro de recursos da Small Business Administration (SBA) dedicado à educação dos empreendedores e à formação, crescimento e sucesso das pequenas empresas por todo o país.**
* **AARP (www.aarp.org): Uma organização para os americanos que já passaram dos cinquenta anos.**
* **RetirementJobs.com (www.retirementjobs.com): Faz o casamento de empresas amigas de funcionários acima de 50 anos com aqueles que estão procurando emprego.**
* **Workforce 50 (www.workforce50.com): Uma plataforma de empregos para americanos mais velhos.**
* **Retired Brains (www.retiredbrains.com): Faz a ligação entre os trabalhadores mais velhos e oportunidades sem fins lucrativos.**

REGRAS DO DONNY: ARRANQUE O ESPELHO RETROVISOR

Se você está querendo seguir em frente, não pode ficar se esforçando para ver o que ficou para trás. Não me importa quem você é, sempre existe um horizon-

QUEM DISSE QUE É TARDE DEMAIS? **161**

te novo. O maior erro que as pessoas cometem na meia-idade é ficar preso na mentalidade do tipo: "Investi vinte anos da minha vida vendendo seguros [ou sendo advogado, ou trabalhando nos correios], como é que vou jogar tudo isso fora?" Tudo o que você fez no passado contribui para a próxima possibilidade, mas isso só funciona se você estiver de olho na estrada a sua frente.

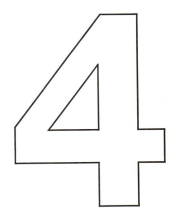

Chegando ao primeiro milhão

CAPÍTULO 14

Do zero aos milhões

Eu me vejo frequentemente impressionado pela maneira como os negócios se iniciam. Você tem um momento de inspiração, uma ideia. Você a desenha na mesa da cozinha, cozinha-a um pouco no fogão e brinca com ela na garagem. Você cria um produto. Se for um alimento de qualidade, você leva para uma loja de comestíveis finos. Se for algo para vestir, leva a uma pequena butique. Os tempos podem ter mudado desde a época de Andrew Carnegie e Henry Ford, mas a fórmula essencial do sonho de prosperidade continua igual. É ter uma ideia, produzir um resultado e depois bater perna — física ou virtualmente. É assim que empreendedores por toda a parte vão do zero ao primeiro milhão.

E sabe de uma coisa? Você não precisa de muito para começar.

Uma enxurrada a partir de US$200

Você já ouviu a frase "é preciso de dinheiro para ganhar dinheiro"? Esse nem sempre é o caso, como aprendi com muita nitidez com a incrível Paula Deen. Paula, que criou um império no setor de alimen-

166 A GRANDE IDEIA

tos, começou com apenas US$200 e um pouco da boa e velha comida do Sul.

Quando você vê Paula Deen pela primeira vez, seu primeiro pensamento é "não é surpresa alguma ela fazer tanto sucesso — ela é tão natural com as pessoas". É por isso que é um choque descobrir que Paula passou vinte anos sofrendo de agorafobia — ela ficava literalmente petrificada com a ideia de sair de casa. Foi apenas aos 42 anos, em dificuldades financeiras e à beira do divórcio, que Paula teve seu despertar. Ela viu que tinha de assumir a responsabilidade pela sua vida para que pudesse criar os filhos.

Uma coisa que Paula sabia fazer bem era cozinhar e, assim, com US$200, ela criou um serviço de *catering* chamado The Bag Lady que entregava almoços caseiros a empresários em seus escritórios. Os filhos adolescentes, Jamie e Bobby, faziam as entregas. Paula ainda se lembra de como usou quase todos os centavos — US$50 para as mercadorias, US$40 na compra de um *cooler* e o restante para obter a licença e outras despesas gerais.

Quando Paula começou sua empresa de *catering*, trabalhando de 16 a vinte horas por dia, ela não sonhava alto. Seu objetivo era muito mais básico:

— A minha ideia de sucesso — ela lembra — era poder ir ao mercado na quarta-feira e o cheque não voltar.

A tenacidade extrema de Paula, o trabalho duro e um produto que fazia as pessoas estarem sempre querendo mais permitiram que o negócio crescesse. Em alguns anos, ela já tinha condições de abrir um pequeno restaurante e a partir daí teve um crescimento constante.

Como Paula conseguiu se transformar de uma humilde cozinheira de Savannah num fenômeno internacional? Qual o segredo do sucesso de Paula? Paula e seus filhos, Jamie e Bobby — que agora são grandes cozinheiros e empreendedores por seus próprios méritos — alcançaram renome internacional. Eles são uma instituição em Savannah, Georgia, onde seu restaurante, The Lady and Sons, é um dos lugares mais quentes para se comer uma boa refeição em toda a cidade. Mas o segredo parece ser algo tão antigo quanto a própria comida que eles fazem. Quando Bobby e Jamie estiveram no programa, eles ofereceram essas dicas de negócios:

1. **"Vão entrando e fiquem à vontade."** — Tradução para os negócios: Faça as pessoas se sentirem bem-vindas desde o momento que elas chegam.

2. **"Não morda a mão que o alimenta."** — Tradução para os negócios: Seja leal às pessoas que são leais a você.

3. **"Muito agradecido."** — Tradução para os negócios: Nunca se esqueça que um pouco de gratidão ajuda muito.

4. **"Não seja mandão."** — Tradução para os negócios: Nunca demonstre nem um único traço de arrogância em sua vida ou nos negócios.

5. **"Quero ver vocês sempre aqui, estão ouvindo?"** — Tradução para os negócios: Certifique-se de que seus clientes saibam que são parte da família e que você espera vê-los de novo.

Quanto à Paula, ela atualmente esbanja charme. Ela virou uma nova pessoa durante o processo de erguer uma empresa. Mas primeiro teve de mergulhar fundo dentro de si e encontrar a coragem e a vontade de gastar seus últimos US$200 para criar possibilidades para ela e seus filhos.

Comece um negócio com US$500

A história de Paula não é tão especial como você pode estar pensando. Quero derrubar o mito de uma vez por todas de que você tem de ter um caminhão de dinheiro e um monte de investidores para decolar. Existem empresas que faturam muitos milhões por aí que começaram com investimentos de menos de US$500.

168 A GRANDE IDEIA

Wayne Perry descobriu sua grande ideia por acidente. Instrutor de defesa pessoal na década de 1990, ele ensinava as pessoas como usar spray de pimenta. Sua autodemonstração fazia muito sucesso em programas de televisão. Quando os produtores viam que ele estava disposto a receber spray de pimenta na cara, não conseguiam resistir.

Wayne foi acometido por muitos anos de dores de cabeça constantes, que eram dolorosas e o atrapalhavam. Um dia, ele sentiu a dor chegar exatamente quando o repórter estava prestes a atingi-lo com o spray. Depois da exibição, ele percebeu que a dor de cabeça tinha passado. Intrigado, fez algumas pesquisas e descobriu que o ingrediente ativo do spray de pimenta combatia as substâncias químicas que causavam a dor de cabeça. E assim ele começou a usar seu instrumento de defesa pessoal como remédio caseiro. Isso perdurou por oito anos.

> **Lição da Grande Ideia:** Todo dinheiro do mundo não será suficiente se sua ideia for ruim. E toda pobreza do mundo não vai freá-lo se sua ideia for ótima.

Em 2003, Wayne se viu sem emprego, um pai solteiro que mal ganhava o suficiente para pagar o aluguel. E decidiu seguir em frente mesmo assim. Ele pegou seus últimos US$350, preparou um lote de spray de pimenta na cozinha de casa, embalou-o em frascos com borrifadores nasais e começou a vender o Sinus Buster no eBay. Ele sabia que era seguro, porque o medicamento só continha ingredientes naturais. O sucesso foi imediato. Hoje, o Sinus Buster é registrado na FDA e vendido em lojas de vitaminas e alimentos naturais — e Wayne ganha US$2 milhões por ano.

Como Wayne, Kelly Flatley também começou sua empresa, a Bear Naked Granola, na cozinha de casa. Na faculdade, Kelly era famosa por fazer uma granola de nozes e frutas totalmente natural. Aos 23 anos, tentando dar um rumo para sua vida, ela pensou se poderia transformar seu talento num negócio. Kelly começou com cem dólares — comprando um número suficiente de ingredientes no atacado para fazer uma mistura de 5kg na cozinha da mãe. Embalou tudo em sacolas de plástico e barbantes de ráfia e chamou o produto de Bear Naked Granola, para indicar que era puro e natural. E então Kelly foi para as ruas e vendeu seu produto nas calçadas e em alguns mercados locais. A resposta foi suficientemente positiva para fazê-la ir em frente e atrair o interesse de um amigo de infância, Brendan Synnott. Eles decidiram montar um negócio juntos — o que significou voltar a morar na casa dos pais e passar o dia inteiro na rua, distribuindo amostras grátis em eventos da comunidade e vendendo pequenos pacotes para lojas especializadas ou de produtos naturais nas vizinhanças. Cada centavo que eles ganhavam era reinvestido no produto.

A grande arrancada surgiu de uma ideia inteligente. Eles decidiram vender para o responsável pelas compras da Stew Leonard servindo um "café na cama". Mas, quando chegaram ao escritório às 7h30 da manhã de bandeja em punho, foram informados de que ele estava de férias. Quando estavam prestes a sair, Stew Leonard Jr. estava entrando no lobby. Ele ficou **Lição da Grande Ideia: Se você tem o que é preciso, faça a venda.** tão intrigado que decidiu fazer pessoalmente a reunião. Duas horas mais tarde, encomendou cinquenta pacotes.

Hoje, a Bear Naked Granola é uma empresa que fatura US$25 milhões — em mais de dois mil pontos de venda espalhados pelos Estados Unidos — e tudo começou com ingredientes que custaram US$100 misturados na cozinha de Kelly.

A grande mensagem que devemos tirar dessas histórias e de dezenas como elas é a seguinte: se você pensa que seu maior obstáculo é a falta de capital, pense outra vez. É bem mais provável que você não tenha encontrado o conceito ou a execução correta. Em vez de se perguntar "de quanto dinheiro vou precisar para começar minha empresa?", pergunte "Como é que eu posso dar início ao meu negócio com os US$500 ou US$1.000 que tenho na poupança?".

Não vá somente pelo dinheiro

Se você pensa em ser um grande empreendedor, precisa fazer as coisas pelos motivos certos. Antes de você sequer pensar em chegar a seu primeiro milhão, tem de estabelecer o que vai oferecer a seu primeiro cliente. Como diz Leslie Mayer, pesquisadora sênior da Wharton School e conselheira pessoal de alguns dos maiores CEOs dos Estados Unidos, "concentre-se na promessa e não no prêmio". Em outras palavras, a recompensa virá se você se concentrar em dar aos clientes o que eles precisam e o que eles querem. Se você só for atrás do dinheiro, vai estar sempre errando o alvo.

Você vai ouvir o mesmo conselho de empresários top de linha como Warren Buffett e Donald Trump. Você pode dizer que essa é a perspectiva das pessoas ricas, mas ela não deixa de ser verdadeira. Se o dinheiro fosse a resposta, todo rico seria felicíssimo e sabemos que não é bem assim.

Há uns dois anos, Warren Buffet foi parar nas manchetes dos jornais quando doou o grosso de sua fortuna — US$37 bilhões — à Fundação Bill e Melinda Gates. Embora ele também tenha dado a seus filhos quantias substanciais para suas fundações de caridade, fez questão de dizer que, propositalmente, não iria lhes deixar uma tonelada de dinheiro.

— O que você acha que eu estaria fazendo com meus filhos se desse US$1 bilhão para cada um? Eles não teriam mais de trabalhar nem de pensar. Isso acabaria com eles.

Perguntei aos filhos de Buffett se eles se ressentem de não ficar com a fortuna e eles riram. Ressentimento? Eles disseram que não podiam estar mais orgulhosos do pai e do que ele fizera com o dinheiro. Os pais deles os educaram para ter perspectiva, visão e estímulos próprios. E eles gostam que seja assim.

Você pode ter fantasias de como seria maravilhoso herdar uma enorme fortuna e nunca mais precisar se preocupar com dinheiro, mas a recompensa vem quando você consegue realizar alguma coisa pessoalmente e o dinheiro é uma recompensa tangível por seus esforços. Também entrevistei os filhos de Donald Trump, Ivanka e Donald Jr., e eles falam com orgulho do pai e de como ele sempre lhes ensinou de que teriam de trabalhar para ganhar dinheiro e isso envolvia passar por uma quantidade razoável de tarefas e trabalhos servis. Eles tiveram muitas vantagens quando crianças, tendo frequentado as melhores escolas, mas o resto era com eles. E os dois agora estavam brilhando. Eles estão entre os jovens profissionais que vejo trabalhar mais duro. Recebi até o jovem Eric Trump no programa. E ele está seguindo os eficientes passos da família.

Portanto, a lição na verdade são duas: siga o caminho pelo qual você é apaixonado e o dinheiro virá até você. E, se você tiver filhos, não roube de seus filhos o luxo de ter fome. É algo que o dinheiro não pode comprar.

Quatro atalhos para os milhões

Pegue quase todos os conselhos deste livro e você lerá algo parecido com a frase: "Esse negócio de sucesso de um dia para outro não existe." Eu diria que isso depende da definição que você der a *de um dia para outro*. Será que você pode ir dormir e acordar na manhã seguinte como um milionário? Dificilmente, a não ser que você ganhe na loteria. Mas o que realmente me impressiona e me inspira em relação a tantos empreendedores de sucesso é a rapidez com que eles chegaram ao topo, uma vez que suas ideias estivessem em andamento.

No *The Big Idea*, aproveitamos a sabedoria de empreendedores bem-sucedidos que foram do zero ao milhão com inacreditável rapidez. Perguntei a alguns deles que conselho dariam para que um iniciante nos negócios fosse capaz de cortar caminho para o sucesso.

172 A GRANDE IDEIA

1. Peça para estar sob os holofotes

Cameron Johnson, autor de *You Call the Shots* [Você dá as cartas] e presença constante no *The Big Idea*, acredita que a chave para o sucesso rápido é simplesmente mostrar que você existe. Ele aprendeu isso com a tenra idade de 8 anos, quando foi exatamente isso o que ele fez. Cameron era um grande fã de *Esqueceram de mim* e do astro infantil Macaulay Culkin. Ele queria conhecer desesperadamente a suíte do Hotel Plaza que aparecia no segundo filme da série e pediu a seus pais que o levasse até lá. Eles chegaram a um acordo — se ele tirasse nota A em todas as matérias, o ano inteiro, eles iriam a Nova York. Cameron se esforçou e conseguiu tirar as notas. Quando soube que ficariam no Plaza, ele escreveu uma carta a Donald Trump: "Prezado Sr. Trump, o senhor provavelmente não me conhece. Meu nome é Cameron Johnson. Tenho 8 anos e a única coisa que quero ver é a suíte onde filmaram *Esqueceram de mim*. Ele endereçou a carta a "Donald Trump, The Plaza, Nova York" e colocou no correio, torcendo para que a carta chegasse a seu destino. E não contou nada aos pais.

Quando a família chegou ao Plaza, a recepcionista falou:

— Você deve ser o Cameron.

Enquanto seus pais, completamente surpresos, observavam a cena sem acreditar no que viam, a recepcionista disse a eles:

— O Sr. Trump providenciou para que os senhores ficassem na suíte durante toda a estada. Ele gostou muito de você ter escrito a ele.

Que ótima lição para um menino. É possível procurar uma pessoa poderosa e ser levado a sério. Cameron aprendeu bem isso, porque aos 15 anos ele já tinha dado início a três empresas. A primeira, logo depois da hospedagem no Plaza, foi um negócio de cartões de visita para a família e os amigos, chamado Cheers and Tears, que ele administrava de seu computador. Adolescente, Cameron deu início a uma empresa que fornecia anúncios para a internet e ganhou seu primeiro milhão antes de sair do ensino médio. Aos 21 anos, ele já havia dado início a 21 empresas.

A precocidade valeu muito a pena para Cameron, mas há um passo que é essencial para qualquer empreendedor. Quer um conselho de seu ídolo empresarial? Escreva uma carta, como fez Cameron. Convide alguém pertencente a seu mercado que você admire para almoçar. Mande um e-mail com um elogio. Você pode pedir o que precisa e ser levado a sério.

2. Crave uma estaca no chão

A visão vem sempre primeiro. John Assaraf, fundador da OneCoach, uma empresa que fatura vários bilhões de dólares, não sabia como ia fazer, mas traçou uma visão primeiro. Quando ele tinha 22 anos, estabeleceu como meta que, aos 45, ele teria um patrimônio de US$3 milhões. John não tinha um plano exato. Na época, ele tinha saído da faculdade para vender imóveis. Mesmo assim, cravou uma estaca no chão e se desafiou. Essa foi a chave. E então ele foi à luta.

É importante cravar essa estaca no chão — pôr sua visão no papel. Sim, um plano de negócios é importante, mas você não precisa esperar para agir apenas quando ele estiver pronto. Não há nada de errado em começar com um plano imperfeito e se dedicar a melhorá-lo. Pense nisso como um processo criativo. Na publicidade, na televisão e em outros assim chamados "trabalhos criativos", aprendemos que às vezes a maior inspiração vem quando já estamos com a mão na massa.

Você aprende sendo jogado no lado mais fundo da piscina. Comigo foi assim. Entrando numa pequena empresa familiar, pude ter uma perspectiva mais ampla desde cedo. Você aprende as lições pelo caminho. A cada ano você aprende o quanto era pouco o que você sabia no ano anterior.

174 A GRANDE IDEIA

3. Use a tecnologia para pular à frente

É muito raro nos dias de hoje encontrar um empreendedor que não esteja usando a internet de alguma maneira. Mas você sabia que pode poupar anos de subida sabendo usá-la com sabedoria? Laura Rowley, uma das especialistas do *The Big Idea*, escreve uma coluna para a Yahoo Finanças e é a autora de *Money and happiness: a guide to living the good life*. Laura afirma que a tecnologia é o caminho para o crescimento rápido, mesmo que você esteja começando com muito pouco capital. A tecnologia mudou tudo. Veja as tecnologias de baixo custo que você pode utilizar. Nos velhos tempos, você anunciava um negócio; hoje um *spam* pode conseguir a mesma coisa de graça. Você pode reduzir seus custos terceirizando o visual do site, o design gráfico, a programação, a contabilidade e outros serviços de que você precisa para seu negócio, tudo no exterior. Há sites em que os profissionais fazem ofertas para trabalhar para você.

4. Associe-se com os melhores, não com os piores

Existe uma tendência, quando sua empresa está começando, de se agarrar ardorosamente a todos os aspectos do negócio, mas são as pessoas com quem você se associa que podem fazer a diferença entre crescer ou continuar pequeno. A coisa mais inteligente que fiz quando estava erguendo a agência foi fazer com que as pessoas-chave virassem minhas sócias. Mesmo que seja apenas 3%, se existe a sensação de ser dono, as pessoas vão brilhar.

Outro erro que muitos empreendedores cometem é contratar pessoas que são versões mais fracas de si mesmas, em vez de escolher aquelas que trazem suas próprias qualidades superiores para o negócio. Contrate pessoas que são mais inteligentes que você. Se conseguir pacificar o próprio ego, isso se tornará um de seus maiores benefícios. Sua empresa nunca vai crescer se você estiver sempre pensando "se eu mesmo não fizer, nunca vai ser feito".

Se a força de vontade interna é a primeira regra, a segunda é o apoio externo. Gloria Mayfield Banks, diretora nacional de vendas dos cosméticos Mary Kay, que conseguiu chegar ao topo em meio a uma grande crise pessoal, nos ofereceu um sábio conselho:

— É importante receber conselhos de pessoas com quem você queira trocar de lugar e não apenas de conselheiros propriamente ditos. Você pode ser um macaco de imitação, desde que imite a pessoa certa. Cercando-se de pessoas excelentes e poderosas que amam o que fazem, você cria uma excelente plataforma de sucesso.

REGRAS DO DONNY: ENTRE NO MERCADO, NÃO TENHA MEDO

Quando você se defronta com um mercado turbulento, a tentação é de ser avesso ao risco e fazer seu sonho esperar. Muita gente me pergunta:

— Devo esperar para começar minha empresa até a economia melhorar?

Não necessariamente.

Cynthia Kersey, chefe da Unstoppable Enterprises [Empresas irrefreáveis], uma empresa cujo nome é muito apropriado, colocou em palavras a seguinte ideia:

— Os fatos são o inimigo da verdade.

Em outras palavras, os fatos podem estar indicando que o mercado vai mal. Mas essa não é a verdade determinante de seu negócio. Empresas como a Microsoft e a Hewlett-Packard foram inauguradas em meio a recessões e prosperaram porque atenderam a demandas específicas. Você pode tirar vantagem do uso mais consciente que as pessoas fazem do dinheiro nesses momentos encontrando uma maneira de fornecer algo mais barato. Um mercado ruim também pode ser um benefício para calcular as despesas. Os fornecedores podem ser mais competitivos ao fazer seu preço, porque eles também estão sofrendo. Um mercado em turbulência faz você ser mais criativo do que nunca e isso é bom.

176   A GRANDE IDEIA

No *The Big Idea* descobrimos que quando as notícias econômicas não são boas, as pessoas ficam mais inspiradas a ter o próprio negócio. Elas não querem esperar o mercado jogar todo o dinheiro fora, ou as empresas encolherem. Elas querem ter o controle da própria vida. E nós fazemos com que seja possível as pessoas dizerem:

— Tenho US$2 mil no banco. Em vez de investir na bolsa, vou investir em mim mesmo.

CAPÍTULO 15

Abastecido pelo **poder** da mamãe

A s mães é que mandam. Alguns dos empreendedores mais inovadores e cheios de garra que já tivemos no programa foram mães com um sentido de missão. Elas eram motivadas a tornar a vida melhor, mais fácil e mais saudável para suas famílias. Essas "mãe-preendedoras" bem-sucedidas superaram o conflito entre trabalhar ou ficar em casa. Ser donas do próprio negócio permitiu que elas tivessem tudo sem sacrificar o que elas mais amam. Elas encontraram maneiras de estar presente junto aos filhos e administrar negócios bem-sucedidos começando da mesa de suas próprias cozinhas.

Se você for uma mãe (ou pai) que quer ser mais presente para a família ao mesmo tempo em que corre atrás de sua carreira, leia com atenção as seções a seguir.

As mães das invenções

Como pai, você possui um talento que é valioso em qualquer negócio e talvez nem se dê conta disso. Grandes empresas gastam fortunas encontrando pessoas que fazem exatamente aquilo que você faz nor-

178 A GRANDE IDEIA

malmente, todos os dias: resolver problemas. Quase todos os negócios bem-sucedidos que mostramos no programa e que foram fundados por mães partiram de um problema muito básico que elas estavam determinadas a resolver.

Tamara Monosoff, CEO da Mom Inventors, Inc., ajuda os produtos inventados por mães a entrar no mercado. Mas se há dez anos você lhe perguntasse o que ela estaria fazendo hoje, Tamara nunca teria se imaginado nesse papel. Naquele tempo, ela morava em Washington e trabalhava como representante do governo Clinton na Casa Branca e no Departamento de Educação Americano. Quando ela e o marido voltaram à Califórnia, depois do nascimento da primeira filha, Tamara não quis pôr um ponto final em sua vida profissional. Ela sempre adorou trabalhar e buscou afazeres criativos e que lhe permitissem ficar perto da filha.

Ela encontrou sua oportunidade quando a filha começou a andar. Isso aconteceu na hora em que ela se esforçava para resolver um dos problemas mais banais e irritantes do mundo: o fascínio que as crianças têm por desenrolar o papel higiênico. Cansada de ter montes de papel higiênico entupindo o banheiro, Tamara procurou algum tipo de aparelho que salvasse seu papel higiênico e, como não encontrou, decidiu inventar um. Ela desenhou o esboço do TP Saver [Salvador do Papel Higiênico], moldando-o a partir de um grampo de cabelo que poderia ser inserido no canto do rolo de papel higiênico e ficar preso sem que fosse necessário retirar o rolo. Depois ela teve a sorte de encontrar um fabricante que se ofereceu a fazer um protótipo por cem dólares.

No processo de lançamento do produto, Tamara olhava para o quadro geral — como ajudar a mães como ela a terem êxito com suas invenções. Ela criou uma empresa cujo objetivo é ajudar a estabelecer outros negócios, Mom Investors, Inc., e se tornou uma figura importante no mercado de mãe-preendedoras.

Tamara compreendeu que a máxima "a necessidade é a mãe da invenção" era mesmo verdadeira. Já tivemos várias mães no *The Big Idea* que resolveram problemas ordinários com soluções criativas.

ABASTECIDO PELO PODER DA MAMÃE   179

As filhas de Debbee Baker foram sua inspiração para o FlipFOLD, a última palavra em organização de roupas. As roupas das meninas ficavam sempre espalhadas no chão ou espremidas em armários bagunçados, todas amarrotadas. E quando queriam alguma coisa, nunca conseguiam achar. Debbee implorava a elas:

— Garotas, quando tirarem as roupas, dobrem-nas com carinho e por igual. Os quartos vão ficar mais organizados e com menos coisas espalhadas; as roupas ficarão limpinhas e permanecerão bem passadas.

As filhas respondiam que dobrar as roupas era muito difícil e demorava muito. Debbee percebeu que elas precisavam de algo que organizasse as roupas e as ajudasse na hora de dobrar as peças.

Debbee começou a pensar nas dificuldades de se dobrar uma roupa. Ela tinha uma certa experiência nessa área. Como compradora de varejo, viu quantos recursos empresariais eram perdidos nessa função. Lojistas e fabricantes perdiam inúmeras horas colocando as roupas no lugar e dobrando-as para mostrá-las nas lojas ou para envio. Dobrar roupas é uma despesa administrativa não só em dólares, mas também em serviço ao consumidor. Ela percebeu que esse versátil dobrador de roupas podia fazer mais do que ajudar suas filhas. Poderia beneficiar muitos negócios diferentes no setor de vestuário. Em vez de perder horas dobrando roupas, os funcionários podiam se concentrar em assistir os clientes.

Lição da Grande Ideia: Unindo o que vivenciou em casa e no trabalho, Debbie criou um produto que atende a uma necessidade pessoal e profissional. Dois mercados pelo preço de um.

Ela cortou uma caixa de papelão, fez seu modelo original e colou tudo com fita adesiva. O resultado: uma série simples de cantos para dobrar que, sempre que era usada, produzia uma camiseta perfeitamente dobrada. Ela levou o invento ao mercado com o nome de FlipFOLD, a última palavra em organização de roupas. Hoje, o FlipFOLD de Debbee Baker não só está em milhões de la-

180 A GRANDE IDEIA

res, como é uma parte importante da indústria de lavanderias comerciais e de lavagem a seco. Debbee Baker fez acontecer e, nesse ínterim, criou uma grande oportunidade de negócio para si mesma e sua família.

Histórias como as de Tamara e Debbee enchem nossa caixa de e-mail no *The Big Idea*, e já mostramos muitas no programa — como o Pump It Up, um pula-pula inflável para festas infantis, criado por Brenda Dronkers, uma dona de casa mãe de três filhos, que virou um negócio de US$70 milhões; ou os Boogie Wipes, criado por duas mães, Mindee Doney e Julie Pickens, que estavam cansadas de correr pela casa atrás de crianças com nariz escorrendo e tentar sempre limpá-los. Essas mães das invenções, e outras milhares iguais a elas, estão encontrando maneiras de criar os ovos sem deixar o ninho. E bato palmas para elas.

FERRAMENTAS DA GRANDE IDEIA
RECURSOS PARA MÃE-PREENDEDORAS

* Mom Inventors, Inc. (www.mominventors.com): Ferramentas e recursos para mães que sejam inventoras.
* *The Mom Inventors Handbook: How to Turn Your Great Idea into the Next Big Thing*, de Tamara Monosoff.
* Mom's Business Magazine (www.momsbusinessmagazine.com): Um guia para negócios domésticos.
* Moms in Business Network (www.mibn.org): Uma rede nacional dedicada a apoiar mães que trabalham e suas empresas.
* The Mom Pack (www.mompack.com): Mães que promovem mães.
* *Mompreneurs: A Mother's Practical Step-by-Step Guide to Work-at-Home Success*, de Patricia Cobe e Ellen H. Parlapiano.
* Mompreneurs Online (www.mompreneursonline.com): Uma ferramenta para mães que trabalham em casa.

Mães unidas

As mães têm uma outra vantagem — uma comunidade sempre pronta de amigas versáteis e que pensam parecido, com necessidades semelhantes. Elas formam um nicho de mercado automático. Como bônus adicional, sempre achei que as mulheres são excelentes na hora de cooperar. Já vi muitas vezes mulheres unirem as cabeças para criar empresas que transformam suas conversas informais em ideias multimilionárias.

Daven Tackett era uma dona de casa de Tulsa, Oklahoma, e amava o que fazia. Mas, sem dispor de uma segunda fonte de renda, tinha que estar sempre pensando em maneiras de esticar o orçamento da família. Um dos problemas mais constantes que ela enfrentou era a velocidade com que os meninos não cabiam mais nas roupas à medida que cresciam, e a necessidade de substituí-las. Duas vezes por ano, ela fazia um bazar em sua casa para levantar dinheiro extra revendendo as roupas dos meninos, que mal haviam sido usadas, após realizar pequenos consertos necessários. Um dia, sua amiga Shannon Wilburn lhe telefonou com uma ideia que ela percebeu imediatamente que era magnífica — fazer bazares maiores onde mais pessoas venderiam seus objetos e roupas usadas. Elas fizeram um teste com 17 amigas da igreja, convidando-as a trazerem roupas de criança ainda pouco usadas para vender na casa de Shannon. As colaboradoras receberiam 70% do preço.

Daven e Shannon costuraram fios, passaram a ferro, colocaram-nas em cabides e as etiquetaram. O bazar, que durou dois dias, rendeu-lhes um lucro líquido de US$2 mil, um resultado que as deixou emocionadas. Mas o melhor de tudo foi o buchicho. De repente, elas se viram cheias de pedidos de novos bazares e foi assim que o negócio deslanchou. Para o segundo bazar, elas saíram da sala de Shannon para uma garagem com espaço para três carros. O terceiro evento aconteceu no ginásio da igreja. Elas chamaram a empresa de Just

182 A GRANDE IDEIA

Between Friends [Somente Entre Amigas] — o que evoca o espírito pessoal do empreendimento.

Com a demanda crescendo, elas alugaram um espaço num grande centro de convenções de Tulsa e ele ficou apinhado. Logo ficou aparente que se tratava de uma ideia de potencial nacional. Amigos, parentes e pessoas totalmente estranhas já tinham ouvido falar e queriam fazer seus próprios bazares, e os amigos empresários as incentivaram a franquear o conceito.

> **Lição da Grande Ideia: A Just Between Friends deu certo porque Daven e Shannon conseguiram explorar uma comunidade de famílias com uma necessidade comum.**

Elas não faziam a menor ideia do que deveriam fazer primeiro, por isso contrataram um advogado de franquias para ajudá-las, registrar o nome da empresa e pôr no ar um site. Elas começaram a vender franquias em janeiro de 2004 e agora organizam 61 bazares em 16 estados.

A mamãe milionária

Kim Lavine teve uma grande ideia — e depois a ampliou ainda mais. No ano 2000, Kim era uma dona de casa mãe de dois filhos em Michigan, tentando fazer o dinheiro caber no mês. Seu marido havia acabado de perder o emprego, e ela sabia que precisava encontrar alguma maneira de ajudá-lo a pagar as contas. A oportunidade surgiu por acidente, quando ela estava procurando um presente de férias que ela pudesse fazer para os professores dos filhos. O marido, que alimentava os veados no quintal, levou o saco de ração de milho para casa e colocou perto da máquina de costurar de Kim. Quando ela o viu ali, de repente teve uma inspiração. Usando o milho como recheio, ela costurou várias almofadas coloridas e chamou sua invenção de Wuvit. Esses travesseiros medicinais po-

ABASTECIDO PELO PODER DA MAMÃE **183**

diam ser congelados ou aquecidos no forno de micro-ondas para aliviar dores nas juntas. Na escola foi um sucesso tão grande que logo as pessoas estavam telefonando para ela, querendo saber onde podiam comprar Wuvits para elas. Kim começou a vender as almofadas em quiosques de shoppings e ficou surpresa em saber que podia ganhar dinheiro com um produto tão popular. Em 2004, ela já vendia em magazines de alto padrão como a Saks. Atualmente, sua empresa fatura US$10 milhões — e ela escreveu um livro a respeito dessa experiência chamada *Mommy Milionaire*. Kim esteve no *The Big Idea* para aconselhar as mães que ficam em casa sobre como elas podem começar com um objetivo e um clique. Seus conselhos são objetivos e práticos, e todos podem ser seguidos sem sair de casa.

✦ *É fácil escrever um plano de negócios, utilizando-se de um site chamado score.org. Esse site dá uma base e você preenche as lacunas. Com esse serviço, você vai saber tudo o que fazer em cada dia do primeiro ano.*

✦ *Obtenha uma patente provisória do INPI.gov.br. Você vai estar protegido por um ano enquanto vai se organizando.*

✦ *Pesquise fabricantes ou fornecedores procurando no Google a respeito do mercado em que deseja entrar.*

✦ *Comece seu próprio site através de um serviço on-line.*

✦ *Apareça de graça na imprensa. Por US$40, você pode postar um release na Prweb.com e eles até ensinam como escrever. (A última vez que Kim postou um, ela teve 60 mil hits e se viu inundada de editores especiais pedindo para fazer uma matéria.)*

Kim fez uma coisa que percebo que é muito comum entre empreendedores de sucesso — ela ensinou como fazer. Com seu livro e o alcance que tem junto a outras mães, ela está numa missão de fazer o sonho de outras pessoas como ela se realizar.

REGRAS DO DONNY: A SABEDORIA DA MESA DA COZINHA

Você está sentada em sua cozinha em Denver, Wichita, Allentown, Tacoma, ou em qualquer lugar dos Estados Unidos, pensando em como fazer o que mais ama, ser mãe e ainda ganhar dinheiro. Será que você é uma mamãe milionária em potencial? Aplique alguns momentos de sabedoria que vêm da mesa da cozinha e siga esses passos:

1. Tudo começa com um problema. Existe alguma coisa que lhe incomoda que você acha que pode dar um jeito de consertar?
2. Próximo passo: café e conversa. Leve a ideia a algumas amigas e crie uma rede de apoio.
3. Vá fazer compras. Pesquise os pontos de venda que poderiam oferecer um produto como o seu. Pesquise conceitos semelhantes. Estude a maneira como os produtos são embalados e qual o preço. Faça anotações.
4. Aja. Comece em sua máquina de costurar, na mesa da cozinha ou na garagem. Convide outras pessoas a se juntar a você. Ponha as crianças para trabalhar. A diversão da família pode virar a riqueza da família.

CAPÍTULO **16**

Tudo em
família

O momento que senti mais orgulho na televisão foi quando meu próprio pai participou do *The Big Idea*. Eu queria contar ao mundo o quanto eu devia àquele homem, em cujos ombros me apoio todos os dias. Mas fiquei muito comovido quando ele me disse — e também aos espectadores:

— Uma das melhores coisas que me aconteceram na vida foi você ter vindo trabalhar comigo. Descobri uma nova dimensão em você que eu nunca teria descoberto. Isso nos ligou, e sou muito grato.

Que momento emocionante. E verdadeiro — meu pai e eu nos encontramos pelo trabalho.

Agora, não vá achar que nossa relação de trabalho era uma grande festa. Em diversas ocasiões nós batemos de frente. Nossos estilos eram como o yin e o yang. Mas compartilhávamos um amor comum pela profissão. Minhas lembranças mais felizes são de caminhar até o Oyster Bar na Grand Central Station depois do trabalho, onde conversaríamos sobre negócios comendo muitos pratos de tomates-cerejas grelhados.

O maior favor que meu pai me fez foi me dar a liberdade de administrar. Ele não ficava no escritório, esfregando as mãos e esperando que eu cometesse um erro. Ele me deixou experimentar coisas que ele nunca teria tentado e, quando dava certo, ficava mais orgulhoso do que eu — e demonstrava isso. Ele não hesitava em me dar crédito por fazer da Deutsch um grande sucesso, e nunca deixei de prestar-lhe as homenagens pela parte difícil de ter criado uma plataforma de excelência e estabilidade que permitiram o crescimento.

Nem toda empresa familiar tem um final tão feliz assim. Amor e ego podem ser uma combinação explosiva, originando rixas, disputas de poder e até mesmo processos. Porém, dito isso, a empresa familiar é a fórmula de sucesso mais confiável da história. O que pode haver de mais gratificante em criar um legado que dure gerações — e da *sua* maneira? Os nomes são icônicos — de Ford a Levi Strauss, as empresas familiares foram a fundação da economia como a conhecemos. Mesmo nos dias de hoje, cerca de 90% de todas as empresas americanas são propriedades de famílias.

Dê uma olhada em qualquer antiga empresa familiar e você vai encontrar um núcleo de sabedoria que às vezes se perde na atual cultura de negócios descartáveis. Eu recebi Todd Simon, do Omaha Steaks, em meu programa. Os Omaha Steakes foram fundados por seu trisavô, um imigrante da Letônia que foi tentar ganhar uma fortuna na fronteira americana. Ele e seu filho chegaram à ilha de

> **Lição da Grande Ideia:** Valores antigos são a *commodity* mais quente no mercado moderno. Se você conseguir oferecer a qualidade e os serviços dos tempos do vovô a seus clientes, eles vão ficar salivando, querendo mais.

Ellis em 1898 e se dirigiram ao Oeste, onde trabalharam como açougueiros antes de terem o próprio negócio. Na década de 1940, quando Omaha se tornou um entroncamento da ferrovia Union Pacific, eles fizeram um upgrade e passaram a servir clientes do país inteiro, enviando carne a mercados e restaurantes por todos os Estados Unidos. Sua melhor propaganda era a própria ferrovia, que servia seus escalopes nos vagões-restaurantes. Em cada geração, os Omaha Ste-

TUDO EM FAMÍLIA **187**

aks encontraram uma oportunidade de crescimento. Hoje em dia, a empresa é mais conhecida por seu negócio incrível de vendas pelo correio, que faz deles o maior consumidor de gelo seco do país, e tendo receitas de mais de US$400 milhões por ano.

O sucesso dos Omaha Steaks não foi construído apenas pelo fornecimento de um produto de qualidade sem paralelo, mas se atendo a uma filosofia vencedora. Como disse Todd:

— Não estamos no negócio de carnes. Estamos no negócio do amor.

Nada fala mais de amor que um presente ou uma refeição lindamente preparados, e os Omaha Steaks são um ícone desse mercado.

Uma fórmula vencedora

Outra velha empresa familiar que apresentamos no *The Big Idea* foi a Entreprise Rent-A-Car. O CEO Andy Taylor veio ao programa para falar sobre a empresa que o pai dele começou em St. Louis na década de 1950, e como ele se atreveu a enfrentar os figurões Hertz e Avis. Ele tinha um conceito novo — uma locadora de veículos que tivesse uma base local, em vez de ficar em aeroportos, e que fornecesse um serviço que fosse totalmente diferenciado: pegar e deixar os clientes em casa. Cinquenta anos depois, a Enterprise é a líder do setor, com faturamento de US$9 bilhões e 900 mil veículos. E tudo começou com um empreendedor com uma visão de atendimento ao cliente. Jack Taylor começou sua empresa com um orçamento mínimo.

Andy se lembra do pai chegando à casa deles e dizendo:

— Cuide bem das suas roupas, Andy, porque não posso comprar novas.

> **Lição da Grande Ideia:** Este é o ponto-chave de uma empresa familiar — a habilidade de criar e transmitir alguns valores que não perdem a força de uma geração à outra.

188 A GRANDE IDEIA

Andy trabalhou na empresa do pai, começando lá embaixo, lavando carros, aos 16 anos. Depois de se formar na faculdade, ele teve seu modesto primeiro emprego na RLM Leasing, uma afiliada da Ford Motor Company em São Francisco, para ganhar experiência. Em 1973, ele voltou a St. Louis e começou sua carreira na Enterprise.

Andy atribui ao pai, agora aposentado, o fato de ter estipulado regras básicas saudáveis para as interações entre pai e filho. A primeira foi que, não importa o quanto eles discordassem a portas fechadas, quando estivessem em público eles sempre se mostrariam unidos. A segunda foi que eles não iriam falar de assuntos familiares na empresa. Jack Taylor passou uma grande empresa ao filho. E a coisa mais valiosa que Andy herdou foi uma cultura empresarial focada no pessoal de campo.

— Os funcionários não estão lá para me satisfazer — diz Andy. — Eu é que estou lá para dar força ao pessoal de campo. Eu é que os sirvo.

Segredos ancestrais

O que você tem guardado no sótão? Talvez você não saiba. Sótãos são famosos depósitos de coisas que você nunca mais vê. Um transportador de mudanças um dia me contou que, em 90% dos casos, quando as pessoas mudam de casa, o que está no sótão continua intacto desde a última mudança. Mas, no *The Big Idea*, trouxemos pessoas que subiram as escadas, limparam as teias de aranha e encontraram tesouros ancestrais esperando por elas — tesouros que valem milhões.

Jim Koch achou o segredo de seu futuro sucesso entre as relíquias da família no sótão dos pais. Jim fazia parte de uma longa tradição. Cinco gerações dos Koch foram mestres cervejeiros, mas a profissão parecia ter morrido à medida que o interesse popular em cervejas de alta fermentação se esvanecera. Mas quando Jim descobriu uma antiga receita da família, datada de 1800, para Louis Koch Lager, ele teve uma inspiração.

O que aconteceu na indústria cervejeira americana realmente tirou toda a mística do trabalho do mestre cervejeiro. As grandes cervejarias, de produção em massa, reduziram o papel do mestre cervejeiro como a pessoa mais importante do negócio a um mero supervisor que preenchia gráficos a respeito de funcionários e tratava das disputas com sindicatos.

O avô de Jim Koch uma vez lhe disse, lembrando sobre os bons e velhos tempos:

— O dono da cervejaria tinha de marcar hora para falar *comigo*.

Nas cervejarias do Velho Mundo, o mestre cervejeiro era tratado como se fosse um deus teutônico. Esse papel não existe mais.

Um dia, olhando o conteúdo de um baú no sótão dos pais, Jim encontrou alguns papéis amarelados e teve um grande momento de "é isso". Jim decidiu que estava cansado das grandes cervejarias e queria fazer um produto *gourmet*.

Com a receita que seu trisavô havia feito para Louis Koch Lager e a determinação de fazer uma cerveja muito saborosa, de qualidade artesanal, Jim fermentou sua primeira mistura de Samuel Adams Boston Lager em sua cozinha, em 1984. Ele escolheu o nome em homenagem ao patriota de Boston Samuel Adams, que também havia sido cervejeiro.

— Nunca vou me esquecer quando experimentei a primeira mistura de Sam Adams — lembra-se Jim. — Foi um momento mágico perceber que aquilo era uma coisa que tinha 120 anos de história da família por trás, algo que nunca ninguém bebeu em um século. Foi muito legal.

Lição da Grande Ideia: É tudo uma questão de qualidade. O pai de Jim Koch costumava lhe dizer: "Independentemente do quanto o marketing seja bom, alguém tem de beber sempre." Jim pôs todo seu foco em dar às pessoas um copo de cerveja que tivesse um gosto muito bom. E valeu a pena.

190   A GRANDE IDEIA

Jim levou sua garrafa de bar em bar e os próprios barmen foram o primeiro grupo de pesquisa. Eles adoraram. Mas como foi que Jim pegou esse pequeno sucesso local e fez seu primeiro milhão? Ao assinar um contrato com uma cervejaria de Pittsburgh por um percentual do negócio, Jim vendeu mais de quinhentos barris no primeiro ano. Essa única decisão de negócio — de se associar com uma cervejaria de sucesso — foi uma grande sacada para Jim. E a cervejaria que fez a aposta quanto a um novo tipo de cerveja também ganhou milhões. Atualmente, essa cervejaria que fatura US$300 milhões anuais produz mais de um milhão de barris por ano.

A receita e a iniciativa de Jim chegaram ao mercado no início de um grande boom de microcervejarias. Sua ideia pegou na hora certa, com o boom das cervejas artesanais na década de 1980.

Chefe, mentora, mãe

June e Rochelle Jacobs são um grande *case* para as modernas empresas familiares. Gostamos muito de tê-las no *The Big Idea* porque elas foram de uma honestidade brutal sobre suas batalhas, mas também possuíam um laço de amor que era inegável. Elas me lembraram de muitas das tensões e das recompensas pelas quais passei ao trabalhar com meu pai.

June Jacobs deu início à June Jacobs Spa Collection quando dava duro como mãe solteira tentando encontrar uma oportunidade de negócio. Trabalhando para um cirurgião plástico, ela percebeu um vazio no mercado de spas referente a uma linha de produtos botânicos e sofisticados para a pele e fundou a empresa para se dirigir ao nicho muito estreito de spas de luxo.

É aqui que entra sua linda filha, Rochelle. Quando Rochelle se sen-

Lição da Grande Ideia: Uma geração mais nova pode trazer novo ânimo e crescimento a um negócio já estabelecido, mas os valores centrais não podem mudar.

tou e falou com a mãe a respeito de entrar para a empresa, ela fez isso num misto de proposta de negócios e entrevista de emprego, o que incluiu uma apresentação de PowerPoint. Rochelle tinha uma visão — a de transformar a June Jacobs Spa Collection de uma pequena empresa com oito empregados para um negócio que faturasse milhões de dólares. June ficou tão impressionada que aceitou contratar Rochelle. Hoje, a June Jacobs Spa Collection tem 150 funcionários e fama internacional.

June e Rochelle admitem alegremente que elas não concordam em "absolutamente nada", o que faz com que sua relação de trabalho seja de atritos constantes, porém saudáveis. O que faz com que tudo funcione é uma base de valores comuns e algumas regras claras e inafastáveis — a maioria delas criada para separar os negócios da vida familiar.

Primeiro a família, depois o resto do mundo

O nascimento da filha de Rachel e Andy Berliner, Amy, em 1987, coincidiu com o nascimento de uma grande ideia. Pode-se dizer que eles estavam no ramo da nutrição, porque essa era toda a mensagem da Amy's Kitchen.

Os Berliners não queriam fazer milhões. Eles não sonhavam em se tornar a maior marca do país em comida natural congelada, que é o que eles são hoje. Rachel e Andy só queriam criar um negócio que pudesse garantir um estilo de vida relativamente modesto, enquanto eles forneceriam comida vegetariana saudável e deliciosa a outras pessoas que tivessem os mesmos gostos que eles — mas que fossem ocupadas demais para cozinhar.

Eles começaram com um orçamento mínimo, usando a própria casa e o celeiro como sede. Eles pediram dinheiro emprestado a parentes e venderam o próprio carro. O primeiro cliente foi uma padaria local que lhes pediu para fazer uma torta de frutas vegetariana.

192 A GRANDE IDEIA

O desafio de criar comida congelada comum estava além do alcance deles. Então, o que foi que eles fizeram? Andy ligou para a Swanson's, a gigante da comida saudável, e perguntou:

— Como é que se faz uma torta de frutas congelada?

E eles contaram! Foi o primeiro produto deles e um sucesso tão grande que ultrapassou os muros da padaria.

Quando decidiram a produzir pessoalmente as tortas de frutas, Andy e Rachel sabiam que precisavam pegar um empréstimo num banco, mas essa era uma batalha contra a corrente. No fim, um pequeno banco que era novo naquela comunidade concordou em emprestar-lhes US$20 mil O encarregado do empréstimo, o tipo de visionário que passa despercebido em vários bancos do país, disse ao comitê de crédito:

— Algum dia os Berliners vão ser nossos melhores clientes.

E hoje eles são.

Os dois primeiros anos foram difíceis, mas todos os dias havia uma inspiração.

— Nossa recompensa era o que ouvíamos dos clientes — contou Rachel. À medida que acrescentavam novos produtos, a empresa começava a decolar, vendendo seus produtos primeiro em lojas de alimentação saudável e depois se expandindo para supermercados comuns. Hoje, a Amy's Kitchen tem receita de US$240 milhões por ano.

Quando Rachel e Amy apareceram no *The Big Idea*, eles vieram da Califórnia no próprio avião. Mas não parecem figurões. O mesmo espírito tranquilo que deu origem ao império ainda existe. O segredo: eles amam o que fazem. Ao longo dos anos, muitas grandes companhias tentaram comprar o negócio, mas eles nunca tiveram interesse algum em vender.

Lição da Grande Ideia: A Amy's Kitchen explorou a vantagem emocional número um de um negócio familiar — a capacidade de construir uma base de clientes através da confiança pessoal.

— Somos uma prestadora de serviços. Gostamos de alimentar as pessoas. Muitos de nossos clientes têm necessidades especiais que poderiam não ser atendidas se uma grande empresa fosse a dona da empresa.

Eles vão manter tudo em família e a própria Amy, que agora estuda na Universidade de Stanford, concorda com isso. Amy já é parte da empresa e geralmente está presente nas reuniões de tomada de decisão. Durante o verão, ela gosta de ir à fábrica e trabalhar na linha de produção de burritos. E, é claro, ela serve a Pizza da Amy aos amigos.

O novo modelo de empresa familiar

Ao contrário das gerações anteriores, não existe mais uma premissa automática de que os filhos vão seguir os passos dos pais no negócio da família. E mesmo quando as empresas familiares planejam uma transição tranquila, as coisas nem sempre funcionam assim. Pergunte a Steve Swindal, o genro e herdeiro aparente dos Yankees de George Steinbrenner. Quando a filha de George pediu o divórcio, isso efetivamente pôs fim ao futuro de Swindal na equipe. Apenas cerca de um terço de todas as empresas familiares sobrevivem à transição para a segunda geração. Na maioria das vezes, você não pode passar o leme ao Júnior só por causa do parentesco. Mas, se a sua meta é manter uma empresa familiar viva e próspera, isso não vai acontecer apenas por osmose. Prepare-se para as armadilhas e explore as vantagens.

Você vai ter mais êxito em entregar a empresa à segunda geração se seguir essas cinco estratégias amigas da família:

CINCO CONSELHOS PARA UMA EMPRESA FAMILIAR FELIZ

1. A família em primeiro lugar. Se sua empresa for causar uma comoção na família, não vá em frente. Não vale a pena destruir seus relacionamentos mais importantes. As empresas familiares de sucesso aprendem a separar a família do trabalho. Eles não falam de negócios

194 A GRANDE IDEIA

na mesa do jantar. Da mesma maneira, se seus filhos, filhas ou outros membros da família não conservam a mesma paixão pelo negócio que você possui, não os pressione a participar.

2. Estabeleça regras e expectativas claras. Certifique-se de dizer com todas as letras qual é o papel de cada um — especialmente se muitos irmãos estiverem envolvidos. Ponha os papéis e as responsabilidades por escrito. Não é algo que se faça necessariamente em casa, mas que precisa ser feito na empresa.

3. Estabeleça um padrão elevado. Num certo sentido, você tem de pegar mais pesado com a próxima geração do que com os outros funcionários. A equipe precisa vê-los trabalhando nas trincheiras ou eles nunca vão ser respeitados. Não transforme seus filhos em vice-presidentes executivos antes de eles terem aprendido como tudo funciona. Donald Trump sempre pôs seus filhos para começar do degrau mais baixo da hierarquia e era mais duro com eles do que com os outros.

4. Dê espaço para mudanças. Dentro de seu sistema geral de valores, permita à próxima geração fazer as coisas de uma maneira diferente. Deixe-os explorar suas próprias visões. É assim que as empresas familiares crescem.

5. Dê aos filhos um espaço próprio. Uma maneira muito inteligente de permitir o crescimento da segunda geração ao mesmo tempo em que você mantém o núcleo de seu negócio é dar aos filhos um nicho só deles. Por exemplo, a agência de meu pai fazia anúncios de mídia impressa. Meu nicho era a televisão. Tive permissão de fazer o negócio crescer sem pisar no pé de ninguém. O pai de Donald Trump fez a mesma coisa. Seu campo de ação eram as casas de classe média no Queens. Donald foi desbravar um novo território em Manhattan.

REGRAS DO DONNY: MOSTRE SEU ORGULHO

Fiquei arrasado quando June Jacobs admitiu que raramente elogiava sua filha Rochelle quando ela estava presente porque "Não quero que ela fique com o rei na barriga" — embora falasse muito bem dela para os outros. Já vi a mesma coisa em muitas empresas familiares e acredito que seja uma extensão da dinâmica que surgiu nos primeiros anos de vida dos herdeiros. Às vezes, os pais precisam ser lembrados de que seus filhos adultos muito bem-sucedidos não estão mais no jardim de infância.

Mas também há uma dinâmica em muitas famílias na qual o amor e o respeito são dados como certos. Eles podem elogiar os outros funcionários até as alturas, mas se esquecem de dar nos parentes um tapinha nas costas por um trabalho bem-feito. Meu conselho a pessoas que empregam parentes nas suas empresas é: não se esqueçam de lhes dizer que vocês gostam e se orgulham deles. Significa muito.

CAPÍTULO 17

Do povo para o povo

Por trás de toda grande ideia há uma história humana. Se você descobrir uma maneira de contá-la ao mundo, as vendas virão logo a seguir. Em nosso programa, somos atraídos por grandes histórias. É muito comum sermos fisgados primeiro pela história, antes de sequer examinar o produto. E foi assim que descobrimos Michele Hoskins.

Isso é o que se pode chamar de uma história tipicamente americana. A proprietária da empresa estava com tudo. Foi uma das convidadas mais inspiradoras que tivemos no programa.

A bisavó de Michele foi escrava. E também sabia fazer uma calda fantástica para panqueca. Depois que ela foi libertada, a receita foi passada às gerações seguintes. E lá estava a bisneta em meu programa, contando como pegou a receita e a transformou num negócio que fatura US$50 milhões. Nada pode ser mais inspirador que isso.

Aqui está o grande lance sobre a receita da bisavó de Michele: era um segredo que só podia ser passado para a terceira filha. Michele não era a terceira filha, portanto nunca aprendeu a preparar a calda. Mas, quando ela mesma deu à luz sua terceira filha, sua mãe permitiu que ela soubesse.

198 A GRANDE IDEIA

Quando Michele começou a fazer a mistura na cozinha, ela era uma mãe solteira que batalhava para ganhar a vida e ainda trabalhava como professora, sem fazer a menor ideia de que viraria uma empreendedora. Não havia mentores afro-americanos a quem ela pudesse pedir ajuda. Mas, como Michele nos disse, quando criança seus pais sempre lhe diziam:

— Tudo aquilo que a mente puder pensar pode ser alcançado.

E esse conhecimento lhe deu a coragem de dar início a um negócio sem capital, nem experiência. Ela vendeu o carro e seu pequeno apartamento, pegou as crianças e voltou a morar com a mãe.

Quando Michele começou, ela preparava a calda no porão e a levava para vários varejistas, onde lhes oferecia uma proposta na qual eles não tinham o que perder. Se eles vendessem o produto, ela voltaria mais tarde e lhes daria a fatura. Depois, voltava e ela mesma comprava a própria calda — e pedia às amigas para fazer o mesmo. Não foi necessário muito tempo para que ela não precisasse mais dessas vendas de mentira. Consumidores *de verdade* adoravam o produto.

Lição da Grande Ideia: Uma grande história, além de um grande produto resulta em um marketing de sucesso.

A grande tacada de Michele veio depois de nove anos no negócio, quando ela assinou um contrato de US$3 milhões com a rede Denny's. Mas foram precisos dois anos de muita persistência para que ela conseguisse chegar lá. A abordagem de Michele foi a diversidade. No início da década de 1990, a rede enfrentava vários processos por práticas discriminatórias. Todo dia, durante dois anos, Michele telefonava para eles exatamente na mesma hora e exatamente com a mesma mensagem:

— Sei que vocês estão com problemas de diversidade étnica. Podem falar comigo. Tenho como ajudar.

Finalmente, ela conseguiu passar da secretária e falar com uma pessoa de verdade, com poder de decisão. Em 1994, ela se tornou uma das primeiras fornecedoras da rede Denny's vinda de uma minoria étnica e dona do próprio negócio. Mais uma vez, ela criou uma situação para o comprador na qual eles não tinham o que perder.

Depois de vinte anos no ramo, o Michele's Syrup fatura US$50 milhões por ano e ela é dona de sua própria fábrica. Para ela, tudo se refere a gerar sucesso para a família — um conceito comovente para uma bisneta de escravos. Como ela mesma diz:

— Quero deixar uma empresa para minhas filhas, não só uma receita.

Qual é *sua* história?

A lição é simples: se você quiser levar sua grande ideia ao grande público, vire notícia. Você pode mandar o orçamento publicitário às favas se a sua história for suficientemente instigante para gerar uma matéria na imprensa. Pode ser surpreendente ouvir isso de um publicitário veterano, mas espaço espontâneo na mídia é muito mais valioso do que a publicidade, porque gera uma aura de credibilidade que não se pode comprar. Além do mais, quando você está começando e tem muito pouco dinheiro, a publicidade tradicional não vai ser uma opção para você.

Pense nisso. Existem milhares de jornais, revistas, programas de TV jornalísticos e de estilo de vida, programas de rádio e sites, todos precisando de histórias. Por que não a sua? Se seu negócio tem um algo de novo e atraente, ou se sua jornada é única e instigante, existem muitos espaços na mídia a fim de você.

Já contamos anteriormente a história de sucesso Fred DeLuca, da Subway. Mas o acontecimento que projetou a Subway para a estratosfera foi a história de Jared Fogle. Jared era um estudante universitário que criou sua própria "Dieta Subway", que consistia de um sanduíche de peru de 15 cm de altura para o almoço e um sanduíche de vegetais de 35 cm de comprimento para o jantar. Depois de três meses nessa dieta, ele tinha perdido quase 45 Kg e ganhou uma certa notoriedade local.

200 A GRANDE IDEIA

Quando a notícia da dieta de Jared chegou ao departamento de marketing do Subway, eles decidiram transformar Jared em seu porta-voz, lançando assim uma das campanhas publicitárias mais bem-sucedidas da história da indústria de *fast-food*. Jared capturou a imaginação pública de uma maneira que os anúncios convencionais jamais conseguiriam. Garanto que para cada dólar que o Subway gastou em propaganda, eles ganharam o triplo em publicidade gratuita.

Desiree Gruber, uma das especialistas do *The Big Idea*, sabe muito sobre como conseguir mídia espontânea. Desiree é uma das profissionais de relações públicas mais bem-sucedidas no ramo, com quinze anos de estrada. Desiree tem um bom conselho para empresas novas em busca de espaço de mídia.

— Quando as pessoas tentam entrar na mídia, elas querem parecer bonitas e inteligentes, mas a verdade é que a mídia procura a história por trás do produto — conta Desiree. — As pessoas querem uma história com as quais possam se identificar. As pessoas não conseguem se identificar com grandes gênios, nem querem isso, e quando o produto é mais acessível, fica mais fácil se entender.

Em resumo, o segredo é ser você mesmo e deixar que sua imagem e sua história façam com que as pessoas queiram fazer parte de sua paixão e de seu produto. Aqui estão três dicas fundamentais para ajudar seu negócio a desenvolver um projeto de relações públicas que se autorrealiza:

1. Tenha uma grande ideia. Não existe um grande negócio sem uma grande ideia.

2. Tenha uma paixão com que as pessoas possam se identificar. Não se mostre como um imortal ou um gênio sem concorrência.

3. Tenha sempre um gancho para a notícia — algo que seja incomum, que capture logo a atenção. Não tenha medo de mostrar suas verdadeiras cores, seus problemas e sua humanidade.

DO POVO PARA O POVO **201**

**FERRAMENTAS DA GRANDE IDEIA
RECURSOS PARA MÍDIA ESPONTÂNEA**

* PRWeb.com (www.prweb.com): Um serviço de redação e distribuição de releases na Internet.
* PublicityHound.com (www.publicityhound.com): Um site que mostra o que fazer para que seu negócio apareça.
* Publicity Insider (www.publicityinsider.com): Uma publicação para empresas famintas por relações públicas.
* *Free Publicity: A TV Reporter Shares de Secrets for Getting Covered on the News*, de Jeff Crilley.

Não é uma questão de roupa

Nadine e Corinne Purdy fundaram três lojas em Manhattan chamadas Purdy Girl. A ideia era muito boa, o estilo descolado e o negócio apresentava todo potencial necessário para se tornar um negócio nacional. Mas não foi isso o que levou essas garotas a programas como *Oprah*, *Dateline NBC* ou *The Big Idea*. O preço de entrada para os programas de televisão mais badalados dos Estados Unidos foi a história delas — que nem era tão bonita assim.

Corinne Purdy nunca vai se esquecer da manhã de domingo de 1996 em que abriu o *New York Times* e encontrou uma matéria sobre sua irmã mais velha, Nadine. "A queda de uma mulher", artigo escrito por Rene Chun, contava a queda de Nadine, que deixou de ser esposa, mãe e dona de seu negócio para virar uma mulher de rua. Nadine chegara a ser dona da Yoshi, a butique mais quente de Nova York, que faturava mais de US$2 milhões por ano. Mas ela deu um passo em falso na estrada do sucesso e acabou se viciando em heroína, se prostituindo e perdendo a própria casa. Aliás, ela perdeu tudo, inclusive

202 A GRANDE IDEIA

os três filhos. E embora a leal irmã Corinne tenha ajudado o máximo que pôde, a situação parecia sem saída.

Para Corinne, a frase mais tocante na matéria do *New York Times* era a declaração de Nadine de que "quando eu ficar boa, vou abrir outra loja com minha irmã". Isso partiu o coração de Corinne. Ela queria acreditar em Nadine, mas não imaginava que esse dia fosse chegar.

Mas o que ocorreu foi que a matéria do *New York Times*, que deveria ser um motivo de vergonha, acabou virando uma oportunidade. Enquanto Corinne estava em seu apartamento naquela manhã, o telefone tocou. A pessoa do outro lado da linha se identificou como Jim Abernathy, da Fundação Caron, uma unidade de tratamento de álcool e drogas em Wernersville, Pensilvânia. Ele contou a Corinne que ficou tão tocado pela história de sua irmã que ele queria oferecer a Nadine um tratamento integral e gratuito para se tratar na unidade.

> **Lição da Grande Ideia: Graças à atenção da mídia, Corinne e Nadine Purdy tinham muita gente torcendo por elas quando abriram sua primeira loja. Sua comovente história humana atraiu clientes. Todo mundo queria ver um final feliz.**

Essa ligação foi o início de uma longa viagem de recuperação. Daquele momento em diante, a mídia continuou seguindo a história das duas irmãs que permaneceram juntas na alegria e na tristeza, enfrentando o obstáculo do vício em drogas, da bancarrota de ter um sonho e construí-lo juntas a partir do zero. Hoje, Corinne e Nadine são empreendedoras de sucesso que ergueram uma empresa com base nas agruras do destino.

Vire uma marca

Quantas vezes por dias você usa um produto que se transformou em marca? Provavelmente centenas. Pense em quantas marcas passaram a identificar toda uma categoria de produto: você pede uma Coca, e não um refrigerante de cola. Você faz a barba com uma Gillette, e não com uma lâmina de barbear. Você tem em sua cozinha um Suggar, e não um exaustor. Você dá um Google em alguém, e não faz uma busca. Essas marcas de sorte são as donas de suas categorias. Nós recebemos algumas delas no programa. Veja o caso da Taser.

Tom e Rick Smith sempre foram fascinados por ficção científica, mas a força inovadora deles só entrou em ação quando se dispuseram a resolver um problema simples: proteger a mãe. Quando ela começou a falar em comprar um revólver para a segurança pessoal, eles pensaram: "Opa, não quero minha mãe brincando com uma arma." Como é que eles podiam usar a ciência como um método de proteção não letal?

Tentando encontrar um meio-termo na questão da defesa pessoal, Tom e Rick se inspiraram em seu seriado de TV favorito, *Jornada nas estrelas*, e sempre quiseram fazer um *taser* (arma de eletrochoque) de verdade e começaram a pesquisar a ideia. Um artefato parecido com o que eles procuravam realmente foi desenvolvido na década de 1970 por John Cover, cientista que participou do projeto Apolo, que levou o homem à Lua. Mas a invenção de Cover tinha utilidade limitada porque utilizava pólvora. A primeira coisa que Tom e Rick fizeram foi localizar o próprio Cover. Com mais de setenta anos, Cover aceitou trabalhar com eles e desenvolver o protótipo de um desenho mais seguro e simpático para o usuário.

Em 1991, os irmãos criaram a Taser International. O pai tirou dinheiro da aposentadoria para financiar o empreendimento. Já no início eles perceberam que o público-alvo não seriam (por enquanto) os cidadãos comuns. Primeiro, eles tinham de conseguir o aval das forças policiais. Nos primeiros anos de lançamento, o Taser passou a ser amplamente usado pelas forças da lei e da ordem — mais de 11 mil agências militares, correcionais e de polícia o utilizam. O fato é que eles afunilaram o mercado para depois expandi-lo. E agora eles também conseguiram deslanchar

Lição da Grande Ideia: O *taser* supria uma necessidade profissional, mas Tom e Rick o transformaram em uma marca ao se tornar um instrumento de segurança para o cidadão comum.

204   A GRANDE IDEIA

em matéria de segurança pessoal, que é o que eles queriam para a mãe deles. O Taser é legal em 43 estados e cerca de 150 mil desses aparelhos já foram vendidos aos cidadãos.

Atualmente, essa verdadeira marca tem receitas batendo na casa dos US$67 milhões por ano e está listada na Nasdaq sob o símbolo TASR.

Construa sua rede

A mensagem a se tirar daqui é que tudo gira em torno das pessoas. As pessoas que você conhece, as que você quer conhecer e as que você espera um dia conhecer. Às vezes os empreendedores ficam com o nariz tão perto de seu trabalho que perdem de vista os benefícios empresariais de fazer contatos.

Cynthia Good, da revista *PINK*, percebeu que sua equipe dava duro e gostava de almoçar na própria mesa — um verdadeiro sinal de compromisso e trabalho. Ela teve de empurrar sua sócia Genevieve porta afora para que ela comparecesse a um almoço para mulheres empresárias. Seria fácil não ir àquele almoço, com tanta coisa para se fazer. Mas quem vai saber. Lá, Genevieve conheceu a diretora de mídia da Guardian Insurance, que aceitou patrocinar uma seção da revista.

Cynthia acredita piamente no poder da rede de contatos. Não é um acontecimento frívolo que afasta você do trabalho. É *o próprio* trabalho.

DICAS DE CYNTHIA GOOD PARA FAZER CONTATOS COM SUCESSO

1. Faça contatos para ajudar os outros tanto quanto a si mesmo.
Todos os ditados comuns — tudo o que você faz tem volta; quanto mais você dá, mais você recebe; etc — são verdadeiros.

2. Concentre-se na pessoa certa. Em vez de distribuir um monte de cartões para a massa, mire as pessoas certas que podem lhe ajudar a atingir suas metas. Se você não conseguir chegar diretamente a um tomador de decisão, encontre alguém na organização que vá apoiar sua causa.

3. Torne-se importante na comunidade. Entre para o comitê de uma ONG, faça discursos, escreva artigos e blogs (até mesmo de graça) como uma forma de se estabelecer como um especialista e aumentar seus contatos.

4. Explore o mundo virtual. Redes sociais e profissionais na internet estão crescendo rapidamente e podem ser um grande lugar para se formar alianças e manter os clientes atualizados.

5. Faça negócios. Agora que você já sabe como criar uma rede de contatos, certifique-se de que ela vá funcionar para você. Pratique pedir o que você quer!

FERRAMENTAS DA GRANDE IDEIA RECURSOS PARA REDE DE CONTATOS

* **LinkedIn.com (www.linkedin.com): Uma rede on-line de mais de 20 milhões de profissionais experientes de todo mundo, representando 150 indústrias.**
* **Zoom Information, Inc. (www.zoominfo.com): Uma ferramenta de busca bastante extensa de profissionais, com perfis de mais de 35 milhões de pessoas e 3 milhões de empresas.**
* **BUZGate — Business Utility Zone Gateway (www.buzgate.org): Um portal de recursos para *start-ups* e pequenas empresas.**
* ***The Virtual Handshake: Opening Doors and Closing Deals Online*, de David Teten e Scott Allen.**

Em caso de dúvida, dê uma festa

Já escrevi sobre Richard Kirshenbaum no meu primeiro livro *Often Wrong, Never in Doubt*. Richie era o garoto "Por que NÃO eu?" ori-

206 A GRANDE IDEIA

ginal — um publicitário criativo, arrojado, falante e com talento de sempre cumprir aquilo que dizia. Foi a primeira pessoa que contratei na Deutsch, mas Richie mirava mais alto. Ele saiu da agência depois de dois anos para trabalhar na J. Walter Thompson e quase imediatamente pulou fora para começar sua própria agência com um colega de lá. Quando ouvi falar da inauguração da Kirshenbaum Bond & Partners, morri de rir. Quer dizer, eu adorava o cara, mas ele devia ter uns 26 ou 27 anos naquela época. Não estava na hora de montar uma agência. Mas, logo após o início, Richie pegou a conta dos sapatos Kenneth Cole e lançou uma campanha com uma mensagem ousada que tomou de assalto o mundo da publicidade. De repente, a imprensa o considerava o garoto do mês na publicidade. E, sim, é claro que fiquei com ciúmes. Eu é que devia ser o garoto do mês! Mas aprendi uma grande lição com Richie: se você quiser ser grande, tem de se mostrar ao mundo e perguntar: "Por que NÃO eu?"

Vamos pular para o presente. Richie é proprietário de uma agência extraordinariamente bem-sucedida e tenho o grande prazer de recebê-lo volta e meia no *The Big Idea* como um dos especialistas.

O que me traz à questão de dar uma festa. Richie contou uma história dos tempos em que sua agência ainda era nova e tentava arranjar clientes. Num fim de semana, ele pegou um exemplar do livro do lendário publicitário Jerry Della Femina, *From Those Wonderful Folks Who Gave You Pearl Harbor*. Della Femina contou que quando abriu o negócio, quase faliu, e numa última cartada, resolveu dar uma festa. O resultado: conseguiu alguns clientes e não só continuou na ativa, mas se tornou uma lenda da publicidade. Richie achou que valia a pena tentar. Ele preparou uma festa com um cliente que era um restaurante e planejou a "primeira festa anual da KBP".

Richie aplicou sua filosfia padrão de "quem não arrisca não petisca" ao fazer a lista de convidados. Ele pensou em todas as pessoas famosas e bem-sucedidas que ele não conhecia e que obviamente também não o conheciam e pensou: "Por que não convidá-las? Mesmo que elas não venham, vão se lembrar do nome." Ele também chamou repórteres e fotógrafos, acreditando que poderia atraí-los com comida e bebidas grátis.

Fui à festa e, podem acreditar, foi um estouro, um sucesso estrondoso. Não dava para acreditar que foi o Richie quem planejou. A festa fez com que ele e sua agência parecessem um grande sucesso. E, sim, algumas das pessoas famosas e importantes realmente apareceram — inclusive alguns de seus futuros clientes.

Conselho do Richie:

— Enquanto algumas pessoas podem achar que uma festa é uma frivolidade ou que não vale a energia, meu conselho, fazendo minhas as palavras de Jerry Della Femina, é que, *em caso de dúvida, dê uma festa*. Este ano, comemoramos o vigésimo aniversário da agência ao lado de mais de trezentos funcionários, amigos, parentes, e todas as pessoas que convidei no primeiro ano apareceram. Mas, ainda assim, mandei um convite ao Príncipe Charles e à Camilla. Nunca se sabe...

REGRAS DO DONNY: SÃO AS PESSOAS, ESTÚPIDO

A diferença entre permanecer pequeno e ser grande — em *qualquer coisa* que se faça na vida — são as pessoas. Vou ainda mais longe e digo que, antes de se preocupar em como você vai financiar sua empresa com dinheiro, pense em como você vai fazer crescer o capital social. O dinheiro é volúvel; o capital social continua crescendo, mesmo nos momentos difíceis.

Mas como se constrói capital social quando se está começando? O erro que muitos novos empreendedores cometem é que eles se concentram exclusivamente em pedir ajuda às pessoas. Aja exatamente da maneira oposta. Pense em como você pode ajudar os outros. Não existe uma primeira impressão melhor do que a que você cria quando as pessoas lhe veem oferecendo algo, em vez de pedindo.

Derrubando barreiras

CAPÍTULO **18**

Dólares e bom-senso

Você tem uma grande ideia e tem certeza de que ela vai ganhar milhões. Você tem a paixão e a garra de fazer acontecer. Você fez uma declaração de missão e um plano de negócios sólido. Fez o seu dever de casa, estudou o mercado, explorou o campo em que poderia atuar e gastou pulsos telefônicos fazendo contatos. Você testou sua ideia com amigos e parentes, participou de feiras e conversou com advogados de patentes, fabricantes e outros empreendedores.

Você está na porta e pronto para começar a corrida e a campainha está prestes a soar. Só existe uma coisa que o freia: dinheiro.

Nos capítulos anteriores, você viu inúmeros exemplos de pessoas que ganharam milhões a partir de meros tostões — e, sim, é possível. A própria essência do sonho de prosperidade é que ele pode ser alcançado por todos. Essa é a mensagem que venho pregando neste livro e as histórias realmente inspiradoras de pessoas iguais a você sustentam isso. Mas a ingenuidade não é necessariamente uma virtude, quando se trata de dinheiro frio e real.

A primeira regra é que você tem de investir no que acredita. E se você não tem dinheiro? Então invista seu tempo, sua paixão e sua energia. A questão é que você tem de dar tudo de si para receber alguma coisa de volta.

Quanto você quer?

Nunca ouvi um empreendedor verdadeiramente bem-sucedido dizer: "Foi a maior moleza. Eu fiz tudo com a mão nas costas." Tendemos a nos concentrar no topo da montanha e a aplaudir quem chegou lá — mas não devemos deixar que o brilho de suas realizações nos impeça de ver a garra, o sacrifício e o trabalho duro que foram necessários para se chegar a esse ponto.

A verdadeira pergunta é a seguinte: sua vontade é tão grande a ponto de virar sua vida de cabeça para baixo, viver mal, sacrificar seu conforto e se matar de trabalhar? Você tem a energia, a paixão e a capacidade de trabalhar 24 horas por dia, sete dias por semana, se isso for necessário? Você consegue se ver dando cem telefonemas para chegar a um sim?

Pense no seguinte:

✦ *Existem sacrifícios que você não aceita, como voltar a morar com seus pais, andar em transporte público, dirigir um carro popular, deixar de tirar férias e de jantar fora?*

✦ *Você tem um percentual alto, médio ou baixo de despesas fixas que o prendem a seu atual padrão de vida?*

✦ *Você está disposto a usar sua poupança, vender sua casa ou utilizar outros recursos para financiar seu negócio?*

✦ *O que constitui um risco intolerável para você?*

✦ *Você está disposto a começar de uma posição menor se seu plano falhar?*

As respostas que você der a essas perguntas vão determinar seu preparo emocional para ir atrás do sonho da prosperidade.

DOS ESPECIALISTAS DE *THE BIG IDEA*
COMO LIDAR COM O DINHEIRO

MAIS COM MENOS:
"Cada vez que o dinheiro entrar, separe 20% (ou qualquer percentagem administrável) e ponha numa conta separada. Use os outros 80% para administrar seu negócio e você vai ficar surpreso em como será capaz de se ajustar." Mike Michalowicz, Obsidian Launch.

BATA ENQUANTO O FERRO ESTÁ QUENTE:
"A melhor hora de se pedir um financiamento é quando você não precisa. Se seu negócio está dando lucro e você pode seguir sem um empréstimo, pegue emprestado mesmo assim. Você tem muito mais chance de ser aprovado por um banco se seu negócio estiver gerando dinheiro e uma linha de crédito disponível não vai lhe custar nada se você não a utilizar." Paul Lewis, investidor-anjo.

POUPE:
"Tudo é sempre mais caro do que a primeira estimativa que você fez e sempre existem custos escondidos. Qualquer que seja a estimativa de custo que você fez para montar seu negócio, você deve separar mais 25 a 50% para alguma emergência." Jerry Lynch, consultor financeiro da JFL Innovative Investments.

O melhor dinheiro que uma grande ideia pode comprar

O que seria necessário para você ser capaz de dizer que "o dinheiro não é um obstáculo"? Aqui vão quatro maneiras de financiar seu negócio:

214 A GRANDE IDEIA

1. Use seu próprio dinheiro

Não existe melhor sinal de compromisso do que a vontade de arriscar seus próprios recursos. É uma maneira de manter o controle. Se você estiver investindo em si mesmo, isso mostra aos outros que você tem a confiança e a automotivação para levar sua ideia ao mercado. E, se você depois for procurar a ajuda dos outros, eles vão querer saber que você abriu o bolso primeiro. Vá em frente — use o máximo de seu cartão de crédito, retire da poupança, desfaça-se do segundo carro, venda o anel de brilhantes de sua mãe, renegocie sua hipoteca, não tire férias, volte a morar com seus pais. Não seja burro quanto a isso — você vai continuar tendo de pagar impostos e driblar as agências de cobrança. Mas esse é um verdadeiro teste do quanto você realmente quer atingir seu objetivo.

2. Pegue emprestado com a família e com os amigos

Laura Rowley, uma especialista do *The Big Idea*, escritora e consultora financeira, oferece as seguintes dicas para se aproximar da família e dos amigos: volta e meia, os parentes e os amigos são a melhor fonte de financiamento de um novo negócio. Mas você tem de estar sempre com uma perspectiva positiva. Isso não é um favor; espera-se que seja uma oportunidade para que todos prosperem. Aproxime-se da família e dos amigos da mesma maneira que você se aproximaria de qualquer outro investidor, com um plano de negócio completo e suas expectativas — incluindo o melhor e o pior cenário possível. Consulte um consultor financeiro e escreva um contrato formal. Use uma rede de empréstimos desenhada para empréstimos interfamiliares.

Agora uma ressalva: conheça as pessoas que você ama. Se você acha que uma transação comercial tem o potencial de gerar atritos, vá procurar em outra parte. Simplesmente, não vale a pena.

3. Associe-se para cima

O especialista do *The Big Idea* Mike Michalowicz, da Obsidian Launch, sugere:

— Entre em contato com seus fornecedores e conte-lhes sua visão, metas e necessidades financeiras. Eles vão ter uma boa compreensão de seu mercado e um entendimento muito bom de quem você é. Quando seu negócio crescer com a ajuda deles, a necessidade que você vai ter pelos serviços deles vai aumentar também. Uma situação em que todos ganham.

Lembram-se do Jim Koch, da cerveja Sam Adams? Sua decisão de se associar com uma pequena cervejaria permitiu que ele começasse e você pode apostar que a cervejaria agradeceu aos deuses um milhão de vezes ao longo dos anos.

4. Encontre um anjo

Como mostra Laura Rowley:

— Esse é o caminho a seguir quando você já usou seus recursos e exauriu as possibilidades de investimentos com a família e os amigos. Investidores-anjo são pessoas de patrimônio elevado dispostas a investir o próprio dinheiro em seu negócio. Comece pela Angel Capital Education Foundation, que tem uma lista de investidores anjos. O nível de financiamento típico varia de US$100 mil a US$500 mil em troca de uma parcela relativamente grande de suas ações.

Nosso especialista do *The Big Idea*, o investidor-anjo Paul Lewis, observa:

— Uma vez que a maioria dos anjos propiciam capital em ações, geralmente não há a necessidade de devolver o dinheiro. Evidentemente, investidores diferentes possuem regras diferentes, portanto é importante ter uma compreensão clara dos termos do acordo. Se sua

216 A GRANDE IDEIA

empresa estiver perdendo dinheiro, saiba exatamente o motivo pelo qual isso está acontecendo antes de falar com um anjo. Um anjo não vai se interessar em financiar seu negócio se achar que é só um hobby para você. Mas se você já usou todos os seus cartões de crédito, não consegue arrancar nem mais um tostão de seus pais e é muito pequeno para ser notado por um capitalista de risco, um anjo pode ser a solução perfeita.

REGRAS DO DONNY: TUDO DE GRAÇA

Um negócio de sucesso gera mais dinheiro do que gasta. Portanto, enquanto estiver no primeiro estágio, descubra uma maneira de gastar menos. Alan Corey, autor de *A Million Bucks by 30*, compartilhou algumas ideias engenhosas para cortar custos com *The Big Idea*. Minhas favoritas são: nunca compre um guarda-chuva — é uma espécie de imposto da chuva. Nunca compre água mineral — você está pagando pela garrafa. A questão é: olhe à sua volta, descubra onde você está jogando dinheiro fora e pare com isso. O mesmo se aplica a iniciar uma empresa. O que você consegue de graça ou quase de graça?

Pesquisa: Não custa nada pensar e sonhar. Também é de graça fazer um *brainstorm* com os amigos, passear pelo shopping e navegar na internet. Há um mundo de informações para *start-ups* a apenas um clique de distância.

Espaço de escritório: O escritório virtual é a nova fronteira. Você pode começar seu negócio da mesa de jantar e ter o mesmo impacto de alguém sentado na sala de canto de um arranha-céu.

Publicidade: Já falamos disso. Vire notícia e chame a atenção de graça.

Conselhos de especialistas: Procure por conselhos dados por especialistas em revistas e sites especializados. Você vai ficar surpreso com o que você pode aprender sem gastar um tostão. E não se esqueça de assistir ao *The Big Idea* e visitar nosso site. Está no ar diariamente, totalmente de graça.

CAPÍTULO **19**

o discurso
perfeito

Admito que existe um lugar especial em meu coração para as pessoas que abalam as estruturas com um discurso extraordinário. Elas fazem algo inesperado ou escandaloso para expressar seus argumentos. Estão dispostas a se arriscar a rejeições ou passar por uma situação ridícula e podem até ser um pouquinho irritantes se sentirem que pode dar certo.

Minha primeira grande apresentação para um cliente, na época que eu estava começando a fazer a empresa de meu pai crescer, se insere na categoria da loucura total. Por um golpe de sorte, recebemos a chance de fazer uma apresentação para a Pontiac Dealers Associations, que representava uma centena de concessionárias no eixo dos estados de Nova York, Nova Jersey e Connecticut. Essa era a boa notícia. A má notícia era que estaríamos disputando com outras vinte agências e não tínhamos *nada*. Nem experiência em televisão, nem com automóveis — nada de óbvio que fizesse de nós a escolha natural. O que tínhamos era fome, e uma crença inabalável de que poderíamos dar cabo do trabalho e a garra de fazer um discurso acintoso.

O sujeito encarregado da decisão era um veterano da publicidade chamado Bob Conroy. Era o tipo de cara que, como diziam, já tinha visto de tudo. Mas nós éramos atirados o suficiente para dar a Bob algo que ele nunca tivesse visto. Fomos a um ferro-velho e recolhemos algumas peças antigas de carro. A cada meia hora, durante 12 horas, entregávamos uma parte diferente da sucata na casa de Bob em Westport, Connecticut. Um farol com uma etiqueta que dizia: "Nós vamos lhe dar ideias brilhantes." Um para-choque, com uma etiqueta dizendo: "Nós vamos proteger suas costas." Um volante, com uma etiqueta dizendo: "Nós vamos guiá-lo na direção certa." No final do dia, nós havíamos entregado o carro inteiro — junto com nossa mensagem.

O tiro podia ter saído pela culatra. Quem quer um monte um monte de casa cheia de pedaços de carro em frente a porta de casa num lugar de alta roda como Westport? Mas Bob entendeu — e adorou. Ele nos convidou para ser uma das cinco agências a disputar a conta e nós acabamos ganhando.

Aprendi uma coisa com essa experiência que nunca mais esqueci. Gente como Bob Conroy existe em todas as atividades. Você só tem de encontrar seu Bob Conroy — a pessoa que vai lhe responder.

Ainda adoro as apresentações escandalosas. Minha favorita absoluta, que apareceu no *The Big Idea*, saiu da BlendTec. Tom Dickson inventou um novo tipo de liquidificador, que as pessoas provavelmente achariam se tratar de um empreendimento medíocre — como inventar uma nova xícara de café. Mas a campanha de Tom, "Será que ele tritura?", o transformou num negócio de US$40 milhões e num herói *cult* no YouTube. A ideia de Tom era exibir a capacidade impressionante de seu liquidificador, o colocando à prova com objetos de casa que ninguém em sã consciência iria colocar num liquidificador: iPods, controles remotos, bolas de golfe, aparelhos para a audição, brinquedos, cartões de

Lição da Grande Ideia: Você pode vender até uma pedra se ela for nova e engraçada. E, aliás, isso já aconteceu. Um sujeito chamado Gary Dahl ganhou milhões na década de 1970 com a Pet Rock [Pedra de Estimação].

crédito e DVDs. As pessoas ligavam a TV para ver qual a próxima coisa que seria liquidificada. Quando ele bateu o iPhone, o pó foi vendido a US$900 no eBay. A ideia maluca de Tom foi um sucesso total e a última linha do balanço financeiro da empresa prova isso.

A arte de se transformar numa marca

Deion Sanders é um mestre da autopromoção. Ele também foi um grande defensor de futebol americano e um jogador de beisebol bastante razoável. Ele é o único jogador a ter participado do Super Bowl (com os 49ers e os Cowboys) e da World Series (com os Braves). Ele sempre se destacou nos campos — por suas bandanas e suas passadas largas quando marcava um *touchdown*. Não havia como não notar esse cara, mas Deion não era só um número numa camiseta. Desde seus tempos de menino, ele tinha um apetite insaciável de ser o melhor, e ele se matou de trabalhar e de estudar para chegar lá. Ele sabia que era bom e não tinha medo de dizer isso.

— Sou a melhor coisa que já apareceu desde a manteiga de amendoim e a geleia — era o que dizia para a mãe. Mas a observação mais importante de Deion, quando ele esteve no *The Big Idea*, foi:

— Quando os refletores o iluminam, eles também mostram os seus defeitos, por isso você tem de ser bom no que faz.

Eu me identifico com esse cara. No passado, fui criticado por me autopromover. Existem certos tipos de palavras que são usadas para pessoas como eu e nenhuma delas é muito elogiosa — arrogante, falastrão, bad boy — você sabe quais são. Mas, independentemente do que digam, eu não faço sucesso por me achar, mas porque tenho certeza de que meu trabalho é bom.

Autopromoção não é arrogância. É uma questão de *branding*. Criei minha marca de publicitário criativo, alto astral e atirado. Essa

220 A GRANDE IDEIA

marca permitiu que a Deutsch tivesse acesso ao campo de jogo. Todos sabiam que éramos destemidos. Assim, se você tem de apresentar um produto ou serviço, você precisa começar pela pergunta fundamental: qual é a marca do Joe ou da Jennifer ou da Sarah? Isso exige que você vá além do apelo imediato de seu produto ou serviço.

Ty Pennington é outro exemplo de alguém que criou uma marca a partir de si mesmo. Eu o admiro porque ele era outro garoto com DDA que nunca encontrava seu espaço. Ele contou que, quando garoto, costumava se despir e ficar pendurado nas persianas da sala de aula. Que Deus o abençoe! (Hoje ele é porta-voz da organização ADHD Experts on Call [Especialistas de Plantão em Transtorno de Déficit de Atenção e Hiperatividade — TDAH].)

Ty era cenógrafo de cinema e televisão quando foi sondado para um novo programa chamado *Trading Spaces*. Foi ali que ele realmente brilhou. Os espectadores amaram o humor leve e irreverente de Ty, mas também confiavam em seu grande conhecimento de design.

Lição da Grande Ideia: Defina a sua marca — aquele apelo único que só você pode criar.

Ele passou a liderar a equipe de *Extreme Makeover — Reconstrução Total*, o que levou a um contrato com a Sears para a linha Ty Pennington de roupas de cama, acessórios para o banho, artigos para a mesa e diversos outros objetos de decoração. Quando as pessoas compravam seus produtos, elas estavam comprando o estilo e o sonho de Ty. O cara é uma marca!

Conquistando corações e mentes

Na Deutsch, nós tínhamos uma filosofia de que nossos comerciais nunca eram destinados meramente a vender um produto. Eles eram pensados para conquistar o coração e a mente do público. Nós éramos totalmente concentrados nas necessidades humanas que estão por trás de tudo, os valores centrais — o que o produto representava para o consumidor. Pense nisso. Por que alguém compra água Glacéau enquanto outra pessoa ama a Fiji? Que tipo de declaração uma pessoa está fazendo quando toma SmartWater ou VitaminWater? Você pode falar tudo o que quiser sobre o quanto uma é mais pura ou saudável ou tem um gosto melhor, mas a maior diferença entre todos os tipos de água mineral é seu apelo emocional e a maneira única como elas atendem ao desejo de ser sexy ou legal ou comprometida com a boa saúde. Se você compreende os valores de seu público, você será capaz de imaginar um discurso de vendas perfeito.

A Starbucks é um exemplo excelente. Howard Schultz, que a idealizou, entendeu que as pessoas procuravam uma comunidade, uma experiência de sala de estar — o tipo que se tem quando se toma um café. Ele não vendeu o café, vendeu um ambiente social.

Mas aqui vai uma ressalva importante. Existe um benefício tangível e um benefício emocional e você tem de ser capaz de satisfazer a ambos. No jargão da publicidade, isso se chama "defesa de bar" — porque as bebidas são o exemplo perfeito. Se você dispuser vinte garrafas de vodca num bar, seus clientes vão escolher aquelas que mais combinam com a imagem que fazem de si mesmos. Mas ninguém vai dizer "eu bebo vodca de determinada marca porque me faz parecer um cara bacana". Você também precisa dar a eles uma defesa — os benefícios tangíveis de uma vodca sobre a outra. Os clientes precisam de uma explicação racional sobre por que eles fazem as coisas movidos pela emoção.

É com você!

Suas mãos ficam suadas só pela mera ideia de pegar o telefone e fazer aquela ligação? Muito bem, junte-se ao clube. Todo mundo sempre

222 A GRANDE IDEIA

fica nervoso um momento antes da apresentação. Eu me lembro de ter ido ao banheiro e falado com o espelho antes de uma apresentação importante, tentando me encorajar. Como a maioria das coisas, é tudo uma questão psicológica. Portanto, eis aqui o que você tem de fazer para passar por cima disso.

1. Encontre a ligação humana. Independentemente de você estar se apresentando para um comprador, um fabricante, um investidor ou a mídia, lembre-se de que você está falando para uma pessoa de carne e osso. As empresas não tomam decisões. As pessoas é que decidem. Quando você está frente a frente com o tomador de decisão, entre em contato com a pessoa que está ali. Antigamente costumava-se dizer a artistas nervosos que eles imaginassem que o público estava nu. Não é disso o que estou falando. Seu trabalho não é diminuir o público de modo a se sentir superior, é se conectar estabelecendo um vínculo comum.

2. Pegue a pessoa certa. Você não iria apresentar produtos esportivos baratos para um comprador da Neiman Marcus. A última coisa que você quer ouvir é aquele discurso de "não atende a nossas necessidades" antes de sequer ter a chance de colocar o pé na porta. Faça seu dever de casa e seja capaz de articular clara e sucintamente como seu produto ou serviço atende às necessidades do público que aquela pessoa representa.

3. Ensaie até estar com tudo na ponta da língua. Faça um *brainstorm* de todas as possíveis perguntas que possam lhe fazer e tenha uma resposta clara e curta. Seja muito específico sobre o que você quer que essa pessoa faça por você.

4. Demonstre sua paixão. A primeira coisa que vejo quando ouço uma apresentação é saber se a pessoa tem a vontade necessária para ir até o fim. Quero saber se a pessoa tem o tutano de fazer sacrifícios e superar obstáculos no longo prazo. A melhor ideia do mundo vai desmoronar se não for apoiada pela paixão. Mostre que você está disposto a pegar pesado e não querendo apenas pegar uma carona.

5. Respeite os outros. Seu possível financiador concordou em lhe dar cinco ou dez minutos de tempo precioso. Cuidado com a arrogância. Não entre com uma atitude de "hoje é seu dia de sorte". Em vez disso, escute e responda respeitosamente. A propósito, uma das coisas mais respeitosas que você pode fazer é observar a dica número três: estar preparado. E depois da reunião? Isso deve ser óbvio — sua mãe nunca lhe disse para escrever um cartão de agradecimento? Mas uma quantidade impressionante de pessoas não dão o passo natural, gentil e produtivo de dizer obrigado. Uma apresentação não termina depois que você vai embora.

BATENDO À PORTA DO CÉU
AMILYA ANTONETTI MOSTRA COMO PASSAR
PELA TELEFONISTA

O que você precisa é de um padrinho dentro de sua empresa-alvo para ajudá-lo a ter uma reunião com os tomadores de decisão. Por isso, você precisa criar uma situação em que todas as partes envolvidas ganham — seja o diretor de marketing, o gerente de vendas ou talvez o fornecedor que faz negócios com a empresa-alvo —, para facilitar essa reunião. Pense em como você, se fosse dono da empresa, gostaria de ser abordado para ouvir novas informações ou ideias. O que faria você parar e querer ouvir mais? Essa é uma grande hora para colocar seu chapéu criativo e pensar nas coisas que você pode fazer para ajudar na agenda de alguém dentro da organização. Todo mundo quer sempre realizar alguma coisa, chegar até alguém ou estabelecer uma relação. Toda vez que ajudei alguém a conseguir o que precisava, eu estava pronta para ter um ouvido atento ao que eu estava propondo.

Leia mais conselhos de Amilya no site do *The Big Idea* (www.cnbc. com).

Apresentando no elevador

Acredito que há cerca de três encontros na carreira de uma pessoa que têm o potencial de mudar a vida delas para sempre. A apresentação no elevador é uma delas.

A ideia é simples: se você se encontrasse num elevador com um grande investidor, como você faria sua apresentação no tempo que vai do térreo até o andar dele? Esse tempo é bem escasso — talvez um minuto e meio.

Aqui está o resumo da apresentação no elevador. Você tem um espaço de tempo muito curto e precisa fechar o negócio. Você tem de ser rápido, apaixonado, ir direto ao assunto e passar seu recado.

É um verdadeiro desafio e uma verdadeira oportunidade. Criamos um quadro chamado "Apresentação no elevador" no *The Big Idea* para proporcionar aos empreendedores à procura de um investidor-anjo uma chance única.

A primeira vez que gravamos "Apresentação no Elevador", a atmosfera estava tensa. Usamos um elevador de verdade no 30 Rock, a sede da NBC no coração de Manhattan. Nosso investidor-anjo era Paul Lewis, um cara que ergueu quatro empresas multimilionárias a partir do zero e agora investe no sonho das pessoas.

Nossa empreendedora era Monica Williams, uma jovem médica que virou empresária e criou um produto que ela achava que poderia gerar milhões. O Pacimals é uma chupeta encaixada num bichinho de pelúcia que a torna mais fácil de ser segurada pelos bebês. Um produto muito simples e lindamente concebido. Monica recebeu 80 mil pedidos e precisava de um investimento para começar a enviá-los e fazer o negócio crescer. Ela estava pedindo a Paul US$250 mil. Paul rebateria com algumas perguntas duras: Quais eram os benefícios do produto? O que o capital adicional conseguiria? Qual era o potencial de crescimento do negócio?

O DISCURSO PERFEITO **225**

Monica tinha muito em jogo naquela subida de elevador. Investidores-anjos, como Paul, ouvem ofertas de negócios o tempo todo, portanto, naquela oportunidade de um minuto e meio, ela precisava ganhar a atenção dele, abalar seu mundo, atiçar seus ouvidos. Qual é a fórmula de Paul para uma apresentação perfeita? "Seja rápido, seja brilhante e se mande." Adoro.

A viagem de elevador que Monica fez com Paul poderia levar a um dos três seguintes resultados. Paul poderia dizer: "Interessante. Passe no meu escritório e vamos conversar um pouco mais." Ou ele poderia simplesmente responder: "Pode ser interessante no futuro, se você conseguir x, y ou z." Ou ele poderia dizer: "Lamento, mas não estou interessado."

Foi um momento de grande suspense para todos nós, porque não sabíamos o que aconteceria no final. Mas, quando Paul e Monica saíram do elevador, podíamos ver que ela havia marcado um gol. Pai de quatro filhos, Paul viu no produto de Monica algo que ele gostaria de ter tido quando as crianças eram pequenas. Ela o ganhou com o toque pessoal e seguiu com uma apresentação forte.

A "Apresentação no Elevador" não é um jogo onde o competidor vai embora levando um cheque. O interesse de Paul era apenas o primeiro passo do processo de negociação. Mas Monica estava no caminho certo.

A "Apresentação no Elevador" foi um quadro muito popular no *The Big Idea*, por causa do mero potencial que há na possibilidade de vermos um sonho virar realidade. Mas também estamos tentando dar uma oportunidade para todos os empreendedores treinarem seus argumentos. Aqui vão alguns conselhos práticos da boca do investidor.

226 A GRANDE IDEIA

O QUE FAZER E O QUE NÃO FAZER AO VENDER A SUA IDEIA PARA UM INVESTIDOR. POR PAUL LEWIS.

SIM: Esteja preparado. O investidor está realizando uma entrevista e se você não souber as respostas, o jogo acabou. Saiba tudo o que puder sobre o produto, a concorrência, a oportunidade e o mercado.

SIM: Saiba exatamente de quanto dinheiro vai precisar e exatamente o que vai fazer com ele. Dê números específicos. Se você precisar de US$248.573, diga esse número. Não use faixas de valores.

SIM: Saiba exatamente o que você está disposto a dar em troca do investimento, seja uma parte das ações ou uma taxa de juros. Saiba quais são suas condições e faça com que elas fiquem claras.

SIM: Seja 100% honesto. Se estiver passando por dificuldades, diga que está. Se acabou de perder um cliente grande, diga que perdeu. O investidor vai descobrir esses fatos antes de investir, portanto não perca seu tempo nem o dele.

NÃO minta. Se mentir, será fatal. Acabou. Ponto.

NÃO se mostre desesperado. Mostre ao investidor que você tem confiança em seu produto.

NÃO pergunte ao investidor quanto ele quer investir. Em vez disso, diga quanto você precisa. É perfeitamente razoável perguntar se o que você precisa está dentro dos limites dele, mas seja específico.

NÃO pinte um quadro cor-de-rosa. É legal ser otimista, mas não exagere na hora de vender a empresa ou o conceito. Se tiver de ser, o negócio vai sair.

QVC: A grande apresentação

Todo empreendedor americano sonha em fazer uma única apresentação de uma vida inteira — para o público do canal de televisão QVC. A enormidade da influência da QVC é difícil de se imaginar.

O DISCURSO PERFEITO 227

Ele funciona 24 horas por dia e apresenta mais de 1.600 produtos toda semana — muitos deles novíssimos, que nunca foram vistos. A QVC pode transformar um desconhecido numa nova marca em vinte minutos. É uma oportunidade que só depende de sua capacidade de vender sua grande ideia para os Estados Unidos.

Uma das nossas convidadas prediletas, Kim Babjak, foi uma história de sucesso da QVC. Antes que ela tivesse sua grande ideia, o potencial dessa garota, que saiu da escola no nono ano e que servia batatas fritas ganhando US$10 por hora no McDonald's, estava oculto de todo mundo, inclusive de si mesma. Kim era igual a milhões de pessoas — uma esposa e mãe que trabalhava duro e que vivia na camada mais baixa da sociedade. Um dia ela estava fazendo força para erguer seu colchão *king size* no intuito de tirar o lençol e ele simplesmente não levantava. Ela acabou chamando três vizinhos para ajudar e foi isso o que deu origem à sua ideia. Percebendo que não podia chamar um exército de ajudantes toda vez que precisasse executar essa tarefa doméstica, Kim começou a pensar numa solução. Ela costurou um zíper do tamanho de um lençol e criou o protótipo do Zip-a-Ruffle, o primeiro lençol destacável.

Kim não sabia nada de como lançar um produto, portanto ela foi ao diretório local do Retired Service Corps of America e obteve conselhos valiosos de especialistas. Depois, Kim se matriculou no workshop de dez semanas do Fundo de Empréstimo para Autônomos sobre como escrever um plano de negócios. Ao se formar, Kim lançou seu produto com um empréstimo de US$1 mil do Fundo e começou a obter sucesso na região. Mas, depois de três anos, ela decidiu arriscar tudo e encarar o maior desafio de todos — colocar seu produto na QVC. Ela contratou um agente da QVC para ajudá-la e foi recompensada. Depois do sucesso na QVC, a Wal-Mart entrou em contato com ela querendo vender o Zip-a-Ruffle em suas lojas. Que bela posição de se estar! Todo esse sucesso deu a Kim a confiança para ampliar o leque

228 A GRANDE IDEIA

de produtos oferecidos por sua empresa e agora é ela quem dá conselhos para outros empreendedores em fase inicial. E a própria Kim é agente da QVC!

REGRAS DO DONNY: NADA É SAGRADO

Exatamente quando você pensa que já viu de tudo, alguém chega e muda tudo o que você pensava. Esta é uma história real. Um dia, quando eu gravava um programa ao vivo, eu passava alguns minutos conversando com a plateia. Quando abri espaço para as perguntas, uma mulher de meia-idade, vestida de um modo muito convencional, se aproximou do microfone para perguntar sobre sua grande ideia. Qual era? Uma camisinha inflável! No começo, pensei que fosse uma piada, mas ela estava absolutamente séria enquanto descrevia detalhadamente os benefícios para homens dotados de um equipamento pequeno.

— Posso falar "pênis"? — ela perguntou, timidamente. A plateia rolou de rir. Bem, nunca diga nunca. Mas levantei uma preocupação prática:

— Você pode ter problemas em identificar seu público-alvo.

CAPÍTULO **20**

Faça uma feira ser **mágica**

Uma feira é o epicentro da atividade empreendedora. Uma feira pode ser o melhor investimento em matéria de tempo e dinheiro que você já fez. É onde as novas ideias aparecem e germinam. Praticamente todos os setores têm suas feiras e elas permitem aos novos empreendedores mostrarem seus produtos por relativamente pouco dinheiro.

Conheci muitos empreendedores que deram suas maiores tacadas em feiras. Mas o valor de uma feira vai muito além de se efetuar negócios. É também uma grande arena para se aprender a fazer contatos. Você pode ser apenas um peixinho num grande lago, mas até um peixinho pode nadar, observar e causar impacto.

**FERRAMENTAS DA GRANDE IDEIA
ENFRENTANDO AS FEIRAS**

* **Trade Show Exhibitors Association (www.tsea.org): Fornece uma vasta quantidade de recursos sobre feiras e informações para profissionais de administração, de marketing e vendas que usam as feiras e os eventos para promover seus produtos e serviços.**

230 A GRANDE IDEIA

* International Association of Exhibitions and Events (www.iaee. org): Representa os interesses de mais de 3.500 administradores de feiras e exposições em todo o mundo.
* Corporate Event Marketing Association (www.cemaonline.com): Uma organização sem fins lucrativos dedicada a servir profissionais de eventos e marketing em todos os setores da indústria tecnológica, proporcionando oportunidades de educação e para fazer contatos.
* Comprehensive Trade Show Vendor Resource (www.trade-show-vendors.com): Um guia on-line sobre feiras que oferece centenas de informações sobre eventos escolhidos a dedo para conferências, encontros empresariais e eventos de sucesso. O guia inclui fontes para a promoção de eventos, atrações nos estandes, serviços de planejamento de convenções, brindes, design de stands, alojamento, transportes e mais.
* The Trade Show News Network (www.tsnn.com): Publicações voltadas para ideias e notícias sobre feiras.
* Tradeshow Week (www.tradeshowweek.com): A revista da indústria das feiras.

O caminho para a CES

Como levar sua grande ideia para pessoas que podem ajudá-lo a dar o próximo passo? No *The Big Idea*, decidimos descobrir se podíamos fazer uma feira virar mágica para um grupo de *start-ups*.

Nós elegemos a Consumer Electronics Show (CES), uma feira de produtos eletrônicos, como nossa plataforma de lançamento. A CES é a maior feira de produtos eletrônicos do mundo, que já vem fazendo mágica há mais de quarenta anos apresentando novos produtos que se tornaram necessidades domésticas — como a câmera digital, o Nintendo, o videocassete, o aparelho de DVD, e a TV em alta definição. A CES apresenta oportunidades sem igual, mas também um grande desafio para alguém que está tentando decolar. Com mais de três mil expositores e 150 mil visitantes, como é possível se destacar e deixar uma marca?

"O caminho para a CES" foi a crônica de quatro colegas empreendedores do início ao fim do processo, com nosso time de especialistas disponível para ajudá-los nas diversas etapas.

Cada um de nossos empreendedores tinha demonstrado três qualidades essenciais:

1. Uma tecnologia inovadora.
2. Valor para o mercado.
3. Uma paixão para fazer sucesso a qualquer custo.

Acho que esses novos criadores de tecnologia são as pessoas mais interessantes que existem. Elas não só passam por todos os passos comuns que todo negócio tem de passar, como também estão realmente lidando com o futuro. No mundo da tecnologia, é preciso ter isso no sangue — além de um conjunto único de talentos. É muito diferente do empreendedor que diz: "Há uma brecha na indústria do vestuário e vou introduzir um novo tipo de calças jeans." Os magos da tecnologia vão além. Por isso, logo de cara, já respeito essa turma.

Dito isso, a dinâmica de "A estrada para a CES" era universal. Essas quatro empresas tinham as mesmas metas de qualquer novo negócio que quisesse entrar num mercado. Com milhares de pessoas passeando por lá, o que você pode fazer para chamar a atenção delas e dizer "olhe para mim"? Bem, obviamente, *The Big Idea* já dava a elas uma vantagem nesse campo, mas a questão mesmo assim era que elas tinham de vender seus produtos ou teriam fracassado.

Vamos dar uma olhada em nossos quatro empreendedores e nos pontos principais dos episódios dos quais eles participaram.

232 A GRANDE IDEIA

LIGHTGLOVE: UM CONTROLADOR DE COMPUTADOR INFRAVERMELHO E QUE NÃO REQUER O USO DAS MÃOS

Quando a mãe de Bruce Howard teve a síndrome do túnel carpal, Bruce, que trabalhava com óptica, decidiu criar uma luva leve que pudesse controlar um cursor com uma lâmpada infravermelha, sem que fosse necessário tocar no teclado. Desde então, ele ampliou a utilidade do produto, que tem um potencial especial na indústria de jogos.

O Lightglove é um produto revolucionário, que Bruce e sua esposa, M.G., passaram anos desenvolvendo. Esse casal tem muita paixão e Bruce possui o gênio necessário para fazer com que tudo funcione.

Lição da Grande Ideia: Não namore seu produto às custas do desenvolvimento do negócio. Os investidores vão querer ver que você está pronto para fabricá-lo e que eles podem ter confiança no seu tino para negócios. Se você não tem, contrate alguém que tenha.

De cara eles conseguiram uma vitória na CES quando a Lightglove ganhou o Prêmio CES de Melhor Inovação para a Indústria de Jogos, derrotando empresas bilionárias como a Dell e a Logitech. Eles também tiveram uma decepção quando nosso investidor-anjo, Paul Lewis, não quis investir no produto. Paul achou que eles não estavam prontos — e uma grande razão era que eles não tinham um discurso vencedor. Eles não tinham estudado os números. Nossos especialistas acharam que o próximo passo que eles deviam dar seria se sentar com um consultor de negócios e analisar detalhadamente de que maneira exata eles iriam levar sua grande ideia ao mercado.

BUG LABS: UM GPS MODULAR E SEM FIO

Depois dos atentados de 11 de setembro, Semmelhack pensou em como foi traumatizante para as pessoas não poderem entrar em contato com seus entes queridos. Ele desenhou um GPS pessoal modular e sem fio que deixaria as pessoas despreocupadas na hora em que estivessem separadas.

O Bug Labs foi à CES com uma vantagem e uma desvantagem muito nítidas. A vantagem era que se tratava de um produto extremamente tecnológico, ideal para o público da feira. A desvantagem era que se tratava de um produto de nicho — de um fanático por tecnologia para outros fanáticos por tecnologia.

Todos os nossos especialistas viram problemas com o nome Bug Labs, que não achavam muito atraente. Mas Peter tomou uma decisão muito boa na CES — ele entrou firme na comunidade dos blogueiros. Os blogueiros são os fanáticos mais comprometidos com a tecnologia. Eles são capazes de fazer uma notícia circular com mais rapidez do que Peter conseguiria com relações públicas tradicionais. Os blogueiros são a nova porta de entrada — havia até um ônibus dedicado apenas ao pessoal dos blogs na feira.

> **Lição da Grande Ideia:** Se você é um *geek*, fale com os *geeks*. Encontre seu nicho e não se distraia com aquelas lojas que vendem um pouquinho de tudo.

MOGO: UM MOUSE COMPLETO SEM FIO

Matt Westover enxergou o futuro e viu que ele seria móvel. Matt reconheceu a necessidade de periféricos sem fio que pudessem ser levados pelas ruas, mas os únicos aparelhos então disponíveis eram para desktops. Ele bolou um mouse estreito e achatado que podia ir a qualquer parte — e foi enfrentar as empresas de informática mais estabelecidas.

O produto de Matt é sexy e inteligente. O *timing* é perfeito, uma vez que as vendas de laptops estão prestes a ultrapassar às de desktops pela primeira vez na história.

O grande desafio de Matt na feira foi criar um buchicho, porque o produto já tinha acertado o alvo. Matt realmente se atirou por

> **Lição da Grande Ideia:** Até uma pequena empresa é capaz de causar um grande impacto. Matt encontrou uma maneira de ganhar acesso aos participantes da feira trabalhando fora do stand.

234 A GRANDE IDEIA

inteiro na CES e ele possuía o espírito certo para o clima de Las Vegas, onde é realizado o evento obtido. Ele já tinha um grande sucesso com as MoGo GoGo Girls, que usavam tops com a marca da MoGo, usavam o produto e puxavam conversa para demonstrá-lo. Depois eles ofereceram aos ouvintes um cupom de desconto no valor de US$20. As MoGo GoGo Girls foram uma atração da CES e distribuíram milhares de cupons que possuíam o potencial de se transformar em vendas.

H2O AUDIO: FONES E PORTA-MP3 À PROVA D'ÁGUA

A paixão de Kristian Rauhala por esportes aquáticos levou à sua invenção. Ele queria ser capaz de poder ouvir música enquanto surfava, mergulhava ou nadava. Seu produto tem todas as características de um vencedor. A Radio Shack pensou a mesma coisa. Kristian conseguiu a grande tacada da CES quando a Radio Shack começou as negociações para vender seu produto nas lojas.

Lição da Grande Ideia: Sempre esteja preparado para ampliar sua visão e encontrar novas funções para seu produto que vão atrair novos consumidores.

O H2O Audio é um caso interessante. Todos nós adorávamos a paixão que Kristian cultivava pelo surfe, e seu produto era muito bem elaborado. Mas com a Radio Shack batendo à sua porta, Kristian tinha de ampliar sua visão — e rápido. Os clientes da Radio Shack formam um mercado bem amplo — e não era composto apenas por surfistas apaixonados. Para ter sucesso, Kristian tinha de ampliar seu público além dos entusiastas de esportes aquáticos para atingir também as pessoas que ficam sonhando na banheira e os cantores de chuveiro.

Cada uma das quatro empresas saiu da CES com um produto amplamente disponível. Vê-los passar por todo o processo em tempo real foi uma grande experiência para nós e para nossos telespectadores.

CRESÇA E APAREÇA

Nicole Hait, da IPEX, a maior feira para inventores do mundo, dá quatro dicas para causar impacto numa feira:

1. **Tenha um visual que chame a atenção.** Quando você está competindo numa grande arena, lado a lado com stands gigantescos e multimilionários, é um grande desafio se sobressair. Mas você não precisa gastar uma fortuna para ser notado. Se você não pode competir com os figurões gastando muito, pense numa maneira de ser diferente.
2. **Crie um brinde ou um atrativo para levar as pessoas a seu stand.** As pessoas adoram o que é de graça e não precisa ser nada grande. Distribua canetas, uma bolinha antiestresse, pretzels. Faça um sorteio. Vai ser um dinheiro bem gasto.
3. **Use sua energia.** Não fique sentado no stand com os pés para o alto, comendo um sanduíche ou lendo o jornal. Fique ligado.
4. **Tenha seu discurso de vendas na ponta da língua.** Decore-o. Você poderá ter somente alguns segundos para passar seu recado.

Leis da estrada

Como você pode fazer mágica numa feira? Siga algumas regras simples, cortesia de Mike Michalowicz. Mike, um dos especialistas que participam do *The Big Idea*, é fundador da Obsidian Launch, uma empresa de aceleração de crescimento que se alia exclusivamente a empreendedores jovens, de primeira viagem. Mike tem uma grande paixão pelo empreendedorismo. Ele acredita que qualquer um que tenha um desejo — até um simples "e se..." — foi tocado por uma

236 A GRANDE IDEIA

inspiração que precisa ser satisfeita. Os conselhos de Mike são valiosos para as pessoas que participam de uma feira pela primeira e até mesmo pela segunda vez.

ANTES DE IR...

+ *É preciso se preparar. Muita gente sabe disso, mas poucos realmente trabalham nesse ponto. Descubra com antecedência quem vai estar lá e estipule quem você vai querer encontrar e onde vai ser possível fazer isso.*
+ *Faça sua agenda. Semanas antes da feira, entre em contato com as pessoas com quem você quer se encontrar e marque uma hora para se reunir com elas na feira. Não deixe as oportunidades mais importantes de contato por conta da sorte.*
+ *Distribua o material com antecedência. Vai ter tanta coisa acontecendo no evento que os prospectos que você distribuir vão parar muito provavelmente num grande saco de lixo. Mande seu material para as pessoas mais importantes com antecedência. E faça uma reunião de* follow-up *na própria feira.*

NA FEIRA...

+ *Parta para a ofensiva total. O segredo aqui é montar uma equipe e se espalhar. Deixe duas pessoas tomando conta de seu stand e duas pessoas andando pelo local onde o evento está sendo realizado.*
+ *Essa é a hora de trabalhar. Vá e faça seus contatos. Além das reuniões já marcadas, faça muitos contatos rápidos. Isso não significa distribuir cartões a qualquer um, quer dizer contatos de verdade. Se você conhecer alguém que possa lhe ajudar ou a quem você possa ajudar, pegue os cartões deles e diga que vai entrar em contato na semana seguinte.*

FAÇA UMA FEIRA SER MÁGICA 237

+ *Destaque-se. Você precisa ser diferente se quiser que as pessoas venham até você. Mas diferente não quer dizer acintoso. Descubra maneiras de fazer com que seu stand valha uma segunda visita.*
+ *Use a Regra dos 80/20. Geralmente, 80% das pessoas que comparecem a seu stand não têm valor e apenas 20% constituem oportunidades reais. Para piorar as coisas, 80% das oportunidades de peso nem sequer sabem que você tem um stand na feira. Melhore suas chances avisando as pessoas mais importantes com antecedência e tendo um stand que seja perfeito para as necessidades delas.*

DEPOIS DA FESTA...

+ *O trabalho só começou. O trabalho bem-sucedido em feiras sempre deve ser seguido de contatos consistentes e persistentes. Durante o evento, você deve ter identificado os contatos mais importantes e agora é a hora de fazer o* follow-up.
+ *Não é só o dia seguinte, é o ano seguinte. Assim como uma distribuição amostral, toda a atividade em torno de uma feira diminui alguns dias depois do evento. Prepare-se para manter a campanha de* follow-up *a longo prazo.*
+ *Já está quase chegando. A próxima feira acontecerá dali um ano. Mantenha seus contatos informados do que você está fazendo e faça planos de encontrá-los de novo no ano seguinte.*

REGRAS DO DONNY: CONCORRÊNCIA? *QUE* CONCORRÊNCIA?

Vivemos num mercado livre e isso é uma grande coisa. Significa que a porta está escancarada. Mas muitos novos negócios ficam paralisados por medo da concorrência. Eles têm medo de que alguém vá tentar fazer pressão na região

238   A GRANDE IDEIA

deles, derrubar seu produto e vender por menos, ou que vá custar uma fortuna para manter o espaço conquistado.

Vejo que os melhores empreendedores *não são obcecados* pela concorrência. Eles não podem esperar para levar suas ideias ao mundo. É da natureza dos negócios que, se você tiver uma grande e nova ideia, vai haver uma grande chance de alguém querer morder seus calcanhares. Ilana Diamond, presidente da Sima Products e que entende um pouco sobre concorrência predatória, observa que as imitações são um fato da vida nos dias de hoje.

— Com a mesma rapidez com que sua empresa pode produzir um produto de sucesso, sua concorrência pode começar a copiar, às vezes em meses ou até em semanas.

Ilana diz que a melhor maneira de combater os imitadores é estar sempre à frente deles. Fique perto de seus clientes e descubra do que eles gostam e do que não gostam em seus produtos. Esteja sempre se aperfeiçoando. Seja o primeiro. Concorra com seus próprios produtos, antes de a concorrência ter essa chance.

Este é um conselho fantástico. Gaste seu tempo e seus recursos com suas próprias inovações e seu próprio desenvolvimento, e não com a concorrência. E, quando pensar nas empresas que competem com você, utilize-as como um guia que vai levá-lo mais longe. Sempre se concentre em NÓS e não NELES.

CAPÍTULO **21**

o milionário
faminto

Meus parabéns — você ganhou seu primeiro milhão. E agora? Você deve estar orgulhoso de ter atingido um marco tão importante, mas esta não é a hora de ser complacente. O que você vai fazer para continuar mandando no jogo — e continuar a crescer?

O panorama empresarial está cheio de corpos de empresas que despencaram em queda livre depois de seus primeiros sucessos. Sempre fico impressionado quando vejo uma empresa que conseguiu evitar esse destino — uma empresa como a Container Store. Desde o seu humilde começo com um investimento de apenas US$35 mil, a Container Store se tornou um destino regular para milhões de compradores. É um grande negócio, mas seus fundadores, Kip Tindell e Garrett Boone, conseguiram esse resultado nunca se permitindo repousar no sucesso. Eles confiam num conjunto de valores empresarias fundamentais que se centram em "merchandising criativo, atendimento ao consumidor de alto nível e feedback constante dos funcionários". A Container Store é um modelo de negócios perfeito para qualquer empresa que queira se manter relevante e renovada enquanto cresce.

240   A GRANDE IDEIA

As pessoas mais bem-sucedidas que conheço têm a capacidade de manter uma sensação quase ingênua de deslumbramento enquanto acumulam idade e experiência. Elas desafiam as expectativas convencionais — aquelas que dizem que, quando você fica mais velho e mais calejado, você passa a ser mais conservador e avesso a riscos.

Os milionários precisam continuar famintos. Pergunte a qualquer astro dos negócios e ele vai lhe dizer que, quando se sentir satisfeito, será o começo do fim de sua escalada. Uma vez que o traço marcante que guiou seu sucesso — a fome — está satisfeito, você perde sua ferramenta de negócios mais importante.

Já comentei como isso aconteceu comigo quando eu estava na Deutsch. Eu podia sentir em meus ossos — eu simplesmente não estava mais com fome. Tudo havia se transformado numa rotina bem conhecida. Eu não queria mais pegar um avião às oito da manhã, viajar a São Francisco, dirigir duas horas até Modesto, passar duas horas na frente do pessoal da Gallos e fazer uma apresentação, dirigir mais duas horas e pegar o voo noturno de volta para casa. Argh! Eu havia perdido a fome. Foi aí que vi que estava na hora de seguir em frente.

Isso pode não acontecer da mesma maneira para você, mas preste atenção nos sinais de que o estômago já está cheio e aja depressa. Mude de direção. Invente um novo produto. Ponha sua empresa numa direção diferente. Roa alguns ossos. Nunca se satisfaça.

A vantagem competitiva

Se você quer que sua empresa se fortaleça e dure bastante, não há mentor de negócios melhor do que David Novak, o CEO das marcas Yum!. David está no auge da vida, mas sua atitude e personalidade incorporam todas as fases de sua vida: a infância passada em 32 *campings* em 23 estados, o início humilde escrevendo malas diretas e ganhando US$7.200 por ano, os muitos empregos em empresas e sua atual posição administrando algumas das maiores empresas de restaurantes do mundo (que incluem o KFC, a Taco Bell, Pizza Hut, Long John Silver e a A&W All-American Food), que empregam mais de um milhão de pessoas. Você pode literalmente ver o garoto do acampamento e o batalhador em seus olhos. Ele não perdeu isso. E essa consistência de identidade e de valores tem sido a chave para sua grandeza.

David se juntou a nós no *The Big Idea* para compartilhar sua sabedoria — e prometo que as joias que são seus conselhos têm o potencial de fazer uma grande diferença em sua vida e em seus negócios, se você os seguir:

✦ *Adapte-se. Não olhe os outros de baixo para cima, nem de cima para baixo. Olhe sempre em frente. Seja humilde. Trate o presidente exatamente da mesma maneira que o ascensorista do elevador.*

✦ *Evite estereótipos. David conta o quanto ele odiava quando era mais jovem e as pessoas faziam um mau julgamento dele porque ele morava num camping. David jurou que nunca faria isso com os outros. E, como consequência dessa atitude, ele conseguiu vislumbrar genialidade onde os outros não achavam que iam encontrar.*

✦ *Crie uma cultura de recompensa e reconhecimento. Não importa se você está lidando com um alto executivo ou com alguém que cumpre ordens num restaurante, você nunca pode subestimar o poder de dizer a alguém que o trabalho dele é bom.*

Não existe nada de moderno nesses conceitos. Você não vai necessariamente aprendê-los na faculdade de administração e, aliás, David nunca fez faculdade de administração. Mas esses princípios têm o potencial de dar a qualquer negócio uma vantagem competitiva.

242 A GRANDE IDEIA

Cresceu, cresceu e foi-se!

Vamos dar um passo atrás e testar a realidade. Você abriu sua empresa, está caminhando, crescendo e recebendo cada vez mais pedidos. O mercado está implorando por seu produto. O que pode dar errado?

Uma armadilha que acontece com as empresas quando elas começam a se turbinar para o próximo nível é a tentação de tomar atalhos. É bastante compreensível. No ano anterior, você vendeu quinhentas unidades. No momento, você tem 20 mil pedidos e a demanda de produção e fornecimento pode ser arrebatadora. Seu resultado líquido pode estar muito bom, mas de repente você começa a sonhar com uma margem de lucro cada vez maior. Eis uma história que alerta para os perigos de querer dar um passo maior que as pernas.

Stacey Blume cresceu cercada de emblemas industriais na empresa de uniformes de seu pai. Ainda que muita gente não fosse pensar no uniforme de um motorista de ônibus como uma possível inspiração para a moda, Stacey imaginou uma lingerie com estilo e costura contemporânea com tarjas personalizadas que as mulheres iriam amar. Depois de costurar alguns itens à mão e vendê-los em feiras de vestuário, ela sabia que tinha tido uma grande ideia. A Blume Girl Underwear foi aberta em 2003 e a empresa chegou às manchetes quando Jennifer Lopez comemorou seu noivado com Ben Affleck com uma etiqueta onde estava escrito "Ben" na calcinha. O *timing* foi perfeito. Como aquele era o auge do fenômeno "Bennifer", a revista *People* e o programa *Today* ficaram felicíssimos em dar esse furo sexy.

Blume estava no jogo e os pedidos chegavam numa velocidade mais alta do que as costureiras eram capazes de trabalhar. O problema de Stacey foi resolvido quando ela encontrou um fornecedor doméstico, a American Apparel, que podia lhe fornecer grandes quantidades de calcinhas de muitos tamanhos e cores.

Mas, quando uma empresa cresce, as opções crescem também. Quando a empresa de Stacey chegou num ponto em que tinha de

O MILIONÁRIO FAMINTO   243

fabricar 40 mil calcinhas de uma só vez, ela começou a olhar para outros continentes e decidiu que fazia mais sentido passar a trabalhar com um fabricante chinês que podia produzir os mesmos bens pela metade do preço.

Na primeira vez em que Stacey tentou uma parceria com um fabricante chinês, a barreira do idioma foi um grande obstáculo. Por isso, ela contratou um agente/intermediário para comunicar o que precisava ser feito. Houve muitas idas e vindas. Cada detalhe tinha de ser aprovado — o peso do algodão, a coloração, o corte e o estilo, um elástico de cintura suficientemente grande para vários tamanhos de mulheres, a maciez das etiquetas internas, enquanto o rótulo externo devia ser branco com a marca Blume forte e vermelha. A primeira remessa com alguns milhares de calcinhas chegou, e Stacey ficou horrorizada de ver que o tamanho pequeno/médio, destinado a mulheres de manequim 38 a 44, não esticavam. Milhares de calcinhas tiveram de ser devolvidas.

> **Lição da Grande Ideia:** Stacey aprendeu que um preço mais barato pode ser sedutor, mas nunca é uma boa ideia colocar o preço acima da qualidade. Aliás, pode até sair mais caro.

Estava na hora de voltar à prancheta e Stacey tentou mais um agente. Dessa vez, tudo parecia estar indo bem. Depois de um longo processo de aprovação, dezenas de milhares de calcinhas chegaram ao depósito da sede da Blume.

Stacey se lembra bem daquele dia, porque parecia a cena de um pesadelo de Natal. Ao abrir uma caixa depois da outra, ficou claro que as calcinhas estavam todas erradas. Eram finas e frágeis demais e, pior ainda, eram todas minúsculas.

— O tamanho pequeno/médio parecia menor que 38 — ela contou em nosso programa. — Não se parecia em nada com o que fora aprovado na modelagem original. Parecia mais o caso de uma calcinha que tivesse encolhido muito.

244 A GRANDE IDEIA

Embora a redução de preço ao se produzir na Ásia fosse significativa, Stacey percebeu que esse desconto poderia vir às custas da marca Blume. Assim, ela aceitou a derrota e voltou à American Apparel, onde tinha a certeza de que iria receber o produto que pedia. Sua decepção fez com que ela voltasse ao básico.

AS REGRAS TECNOLÓGICAS DE RAMON RAY QUE DEVEM SER SEGUIDAS

O especialista em tecnologia do *The Big Idea*, Ramon Ray, está sempre um passo à frente da multidão. Ele entende que a tecnologia é a chave para o crescimento. Sem ela, os negócios modernos são como um avião sem combustível. Portanto, preste atenção no que ele tem a ensinar.

1. **Gaste dinheiro em tecnologia como se fosse um investimento e não um custo.** Você gasta dinheiro em seguros — certo? Você tem um advogado (muito provavelmente) e um contador (com certeza), não é? No entanto, quando se trata de tecnologia, muitos de vocês SÓ gastam dinheiro se for preciso. Você não gasta dinheiro numa tecnologia que acha que não vai precisar. Isso é um erro. Se você está criando um negócio para durar, precisa pensar em seus gastos com tecnologia como um investimento. Não pense em onde seu negócio está, mas em onde ele vai chegar daqui a cinco anos e invista o que for adequado em tecnologia.

2. **Amplie suas opções interativas.** Você já ouviu tudo sobre o Facebook, MySpace, Orkut e mais algumas dezenas de ferramentas de mídia social que podem ajudá-lo a se conectar com outras pessoas. Muitos sites também permitem que você mande seus comentários, faça um upload de seus vídeos e compartilhe seus insights com outras pessoas. E isso é exatamente o que significa a web 2.0. Compare-se isso a

ter uma conversa com os clientes e deixar que os clientes tenham uma conversa entre eles sobre você e seu produto ou serviço. Você precisa ter um grande site, com excelente conteúdo e ferramentas de navegação. Você deve ter uma newsletter enviada por e-mail para chegar às caixas de e-mail das pessoas. Você deve ter um blog para incentivar mais conversas e aumentar o ranking do seu site nos sites de busca.

3. **Use tecnologia móvel.** Se você e sua equipe passam o dia inteiro em seus escritórios, talvez você não precise de tecnologia de longa distância. No entanto, se você e sua equipe estiverem sempre na estrada (como imagino que a maioria esteja), então você precisa implementar soluções de tecnologia de longa distância. Isso significa que você pode acessar sua empresa de onde quer que esteja — e-mail, faxes, arquivos. Não há desculpa para dizer a um cliente que você precisa voltar ao escritório. Não há desculpa para se falar a um sócio que você não recebeu um fax que alguém mandou para você, ou que não atendeu um recado na caixa de voz porque não estava no escritório. Leve o seu escritório com você.

4. **Terceirize sua tecnologia.** Não há a MENOR necessidade de você gerenciar e implantar pessoalmente sua tecnologia. Tudo bem que você seja um especialista no que vende (florista, vendedor de computadores, advogado, artista gráfico ou consultor de mídia). Mas você não é um especialista em segurança de rede, backup de dados ou tecnologia móvel. A única maneira possível para maximizar o uso de sua tecnologia é terceirizando o uso e a implementação dela em seu negócio.

Saiba mais entrando no site de Ray: www.smallbiztechnology. com.

246 A GRANDE IDEIA

O fator oba-oba

Você quer acertar na mosca? Está querendo um jeito de turbinar seu negócio? Antes de dizer sim, pense com cuidado. Muita gente *diz* que quer ser grande, mas é preciso ter o perfil. E o que isso significa?

Gary Vaynerchuk tem a fórmula. Ele ganha US$50 milhões por ano com seu site, The Wine Library. Quando começou, em 1997, ninguém usava a internet para vender vinho e ele tinha um grande nicho para preencher. Mas Gary poderia ter se tornado complacente — não havia nada de errado em faturar uns US$2 milhões por ano. Em vez disso, ele escolheu ser grande utilizando alguns princípios que repartiu conosco no *The Big Idea*.

✦ *O fator oba-oba: Gary é um grande porta-voz de seu site porque ele é cheio de emoção e energia. Ele faz as coisas serem grandes tendo uma personalidade plena e calorosa. Gary chama isso de o fator oba-oba. "Tenha entusiasmo pelo que está fazendo. Seja o mais aberto e transparente que puder. O que faz você ser diferente é você mesmo. Deixe os clientes conhecerem a pessoa que está por trás do produto."*

✦ *Tenha uma visão: Esteja sempre um passo à frente do grupo. Quando Gary estava começando, todo mundo era louco por vinhos da Califórnia. Ele estava procurando a próxima tendência e não era nada do que os analistas estavam prevendo. "Ler tendências é o beijo da morte nos Estados Unidos", ele diz. "Se você quer encontrar as tendências, vá para as trincheiras." Gary sempre leu e respondeu a todos os e-mails e conversou com todos os clientes. Foi assim que ele soube que deveria prestar atenção na Espanha e na Austrália como a próxima grande tendência do vinho. Os próximos da lista: Portugal e Grécia.*

✦ *Aposte todas as fichas em seu talento: Enquanto Gary fazia seu negócio crescer, investiu em conseguir os melhores funcionários.*

Quando ele estava começando, pagava a si mesmo menos do que a seus funcionários. Investir nas pessoas é capital pessoal. Hoje, ele diz: "Prefiro ter um milhão de amigos do que dez milhões de dólares."

✦ *Espalhe suas apostas: Gary não se dá apenas com o pessoal do vinho. "Se você quer se expandir, não brinque apenas em seu playground." Gary é um especialista em vinhos que participa de convenções de outros setores e conversa com pessoas de diferentes ramos de negócio. Isso o ajuda a estar sempre renovado.*

Obviamente, esses princípios funcionaram para Gary. Não dá para discutir com um garoto que fatura US$50 milhões por ano e ainda nem chegou aos 30.

REGRAS DO DONNY: NÃO SE ESQUEÇA DE SEU PRIMEIRO AMOR

Todos nós já ouvimos esta história. Um sujeito se casa com a namorada da faculdade e ela é o amor de sua vida. Ela é completamente dedicada a ele e está disposta a fazer qualquer sacrifício concebível para apoiar o sucesso do marido. De mãos dadas, eles conquistam os desafios do dinheiro, da carreira e da família e finalmente chegam ao topo. Estão morando na casa de seus sonhos, criando filhos fantásticos, totalmente à vontade e contentes com o que conseguiram. Os dias de luta ficaram para trás. E ele a abandona. Ele sai de casa, dizendo que vai viver um novo amor.

Não deixe que isso aconteça com você. Não, não estou dando um conselho matrimonial. No entanto, estou dando um conselho para seu coração. Quando você crescer, seja fiel a seu primeiro amor — aquele fogo original que fez com que você arriscasse tudo para fazer algo único e ousado com sua vida. Não traia a si mesmo.

Conclusão: Esta é a grande ideia

No *The Big Idea*, nós escrevemos nas paredes. Verdade. As paredes de nossa sala de *brainstorm* — a chamada "Sala do Sim" — é coberta de quadros brancos que permitem que expressemos nossas ideias para o programa com canetas coloridas que podem ser apagadas. Essas paredes estão sempre cheias de notinhas, listas, títulos e conceitos em andamento. Alguns dos melhores quadros do programa, como "Mantendo o sonho vivo", "Intervenção do sucesso" e "A ideia de um milhão de dólares" apareceram pela primeira vez no quadro da nossa "Sala do Sim".

Eu sou o apresentador do *The Big Idea*, mas a essência do programa é a equipe de pessoas incríveis que colocam tudo no devido lugar. São os verdadeiros profissionais, muitos dos quais trabalham com televisão há muitos anos — muito antes de minha humilde entrada em cena. O que me impressiona todos os dias é como eles são animados. Eles levam nossa missão ao pé da letra. *The Big Idea* É a ideia deles. E eles vivem essa ideia. Nas horas de folga, eles passeiam pelos corredores dos supermercados, acampam nos shopping centers e caminham com as antenas ligadas. É surpreendente quantos convidados são descobertos durante a vida comum das pessoas que preparam o programa.

250 A GRANDE IDEIA

E é assim que deve ser. Pregamos a criatividade, a inovação e a consciência. Estamos no negócio de promover ideias, e por isso tentamos respirar essa aura de possibilidade. *The Big Idea* mudou a vida de todos nós.

E nossos espectadores? A cada programa chegam centenas de e-mails e a frase mais comum que recebemos é a promessa de que "um dia *vou estar* em seu programa". Eles estão cravando uma estaca no chão, invocando uma parte do sonho que sabem que pode acontecer com eles. Espero plenamente encontrar muitos deles algum dia, sentados na cadeira à minha frente, cheios de glória. As mães, os fanáticos por tecnologia, os comediantes, os cozinheiros, os técnicos, os construtores, os alfaiates, os artistas, os CDFs — todo mundo é bem-vindo.

Apêndice A

**O MAPEAMENTO DA GRANDE IDEIA
UM GUIA DE DOZE PASSOS PARA LANÇAR SEU NEGÓCIO**

Você está pronto para começar? Aqui vão 12 passos e cinquenta perguntas para colocar você no caminho do sonho da prosperidade. Não importa qual seja seu negócio, é fundamental fazer as perguntas certas. Utilize-as como um modelo ativo, preenchendo as respostas com os conselhos e os recursos deste livro, sua própria pesquisa independente e seu instinto.

1º PASSO: ESCREVA SUA MISSÃO

1. Quem é você? Seus futuros clientes vão querer saber isso. A maneira como você se descreve vai ser a base para a história humana por trás de tudo o que você fizer.
2. O que você quer da vida e de seu negócio? Onde você quer estar em dois anos? E em cinco? E em dez?
3. Qual é sua motivação para começar o próprio negócio?
4. Você tem uma paixão por sua ideia que não pode ser diluída? De que maneira você já demonstrou essa paixão?

252 A GRANDE IDEIA

2º PASSO: DESCREVA A IDEIA DE SEU PRODUTO OU SERVIÇO

5. Qual é sua ideia? Seja o mais claro e sucinto possível. Imagine que você a esteja descrevendo para um cliente em potencial.
6. O que é único em sua ideia? Que tipo de problema ela resolve? Qual é o benefício que seu produto ou serviço pode proporcionar?
7. Sua ideia é um produto ou serviço novo ou um aperfeiçoamento de um produto ou serviço já existente?
8. Se for um produto, você já fez um desenho ou diagrama ou conhece alguém que pode fazer?

3º PASSO: FAÇA UMA PESQUISA DE MERCADO

9. A que categoria de produto ou serviço se refere sua ideia? Qual o clima de vendas atual na categoria?
10. Existe algum produto ou serviço no mundo que é parecido com o seu?
11. Você pesquisou o preço, a embalagem e os métodos de venda de produtos semelhantes? Você já experimentou esses produtos e viu a diferença entre o seu e os outros?
12. Qual o mercado de seu produto ou serviço? Quem são seus clientes em potencial? Qual a faixa etária deles, onde eles vivem e que outros tipos de produto eles compram?
13. Você já leu tudo o que pode sobre abrir um negócio, vender um produto ou manter a sanidade mental?

4º PASSO: FAÇA O SEU PLANO DE NEGÓCIOS

14. Como você descreveria o conceito operacional de seu negócio? Isso vai além da descrição do produto ou serviço; quer dizer como você efetivamente planeja conduzir os negócios. Você vai ter um escritório ou uma loja física, trabalhar em casa etc? Onde você acha que seu produto ou serviço será vendido?
15. Qual vai ser a equipe de seu negócio?

APÊNDICE A   253

16. Você criou algum orçamento para a empresa? Qual é sua declaração financeira operacional, incluindo as receitas e despesas projetadas?

17. Como seu negócio vai ser financiado?

18. Que fontes emprestam dinheiro a negócios como o seu?

19. Qual é o seu discurso de financiamento para possíveis investidores? Decore-o!

20. Você está disposto a trocar ações por investimento? Se a resposta for sim, até que ponto?

5º PASSO: CONSTRUA SUA REDE

21. Você já se aproximou de pessoas de sua área ou de gente que você admira para serem seus mentores? Lembre-se de que você não precisa conhecê-los. Você pode se surpreender ao ver outras pessoas o ajudarem se você for apaixonado por sua ideia. Você já tentou falar com aqueles que o inspiraram?

22. Existem associações empresariais em sua comunidade, como uma câmara de comércio, associação de mulheres ou algum outro grupo no qual você possa entrar?

23. Existem seminários, aulas ou outras oportunidades de aprendizado que também podem servir de oportunidades de contato?

24. Existem obras de caridade locais que atraem parceiros de negócios?

25. Seu campo tem uma revista da área, uma feira, um evento anual ou uma comunidade?

26. Você fez algum esforço para se manter em contato com antigos colegas de turma, amigos e vizinhos?

6º PASSO: FORMALIZE SUA IDEIA

27. Você já consultou um advogado para ajudá-lo a proteger seus interesses empresariais?

28. Consultou um orientador financeiro?

254 A GRANDE IDEIA

29. Quem vão ser os sócios da empresa?

30. Qual vai ser o nome ou logomarca que você vai registrar?

31. Você já pediu alguma proteção de marca, direito autoral ou patente?

7º PASSO: CRIE UM PROTÓTIPO

32. Você tem amostras vendáveis de seu produto?

33. Você pesquisou alguma fonte em potencial para o desenvolvimento de um protótipo?

8º PASSO: CRIE GRUPOS DE PESQUISA

34. Você testou sua ideia com a família ou os amigos? (Certifique-se de ter um registro com as respostas deles.)

35. Você testou seu produto ou serviço em ambientes livres e amigáveis (feiras ao ar livre, quermesses, vendinhas)? Já distribuiu amostras grátis em troca de um feedback?

36. Você já pediu a opinião de varejistas locais sobre seu produto ou serviço?

9º PASSO: ENCONTRE UM FABRICANTE E UM DISTRIBUIDOR

37. Você já procurou um fabricante em seu setor?

38. Você já viu quais são os fabricantes de produtos semelhantes?

39. Você já recebeu orçamentos de uma série de fabricantes?

10º PASSO: PONHA SEU SITE NO AR

40. Você vai vender seu produto ou serviço na internet ou utilizou a rede para anunciá-lo?

41. Você tem algum webdesigner para criar seu site?

42. Você já escolheu e registrou um nome de domínio que seja consistente com o da sua empresa (de preferência, o mesmo)?

11º PASSO: ANUNCIE SUA IDEIA

43. Você já preparou um kit de imprensa?
44. Quais são os pontos mais importantes que você quer tratar em seu *release*?
45. Quais são os tipos de veículos que podem estar mais interessados em sua história?

12º PASSO: FAÇA UMA APRESENTAÇÃO PARA CLIENTES E FORNECEDORES EM POTENCIAL

46. Qual é o script de seu discurso de vendas? Já decorou?
47. Você já apresentou seu produto ou serviço em sua região?
48. Você já fez uma lista de todos os compradores em potencial e começou a telefonar?
49. Já mandou seu produto para a consideração de algum canal de vendas televisivo?
50. Já reservou um stand na próxima feira do setor?

Apêndice B

FERRAMENTAS DA GRANDE IDEIA
UM GUIA DE RECURSOS DA MENTE AO MERCADO

Os especialistas do **The Big Idea**
- ✦ Lucky Napkin (www.luckynapkin.com): Amilya Antonetti e sua equipe de especialistas ajudam as pessoas a abrir suas empresas.
- ✦ Edge Consulting (www.drdoug.com): O Dr. Doug Hirschhorn, importante orientador de desempenho, vai lhe mostrar como realizar o trabalho.
- ✦ Obsidian Launch (www.obsidianlaunch.com): Michael Michalowicz se associa a empreendedores de primeira viagem dispostos a dar tudo de si.
- ✦ Smallbiztechnology (www.smallbiztechnology.com): Ramon Ray mostra como usar a tecnologia para fazer um negócio crescer.

Informações gerais para empreendedores
- ✦ Startupnation.com (www.startupnation.com): Conselhos empresariais do mundo real para novos empreendedores.
- ✦ Jen Groover Productions (www.jengrrover.com): Apoio para inovadores com grandes ideias.

258 A GRANDE IDEIA

✦ OneCoach (www.onecoach.com): Aconselhamento em negócios para pequenas empresas e *start-ups*.

✦ Revista *Entrepreneur* (www.entrepreneur.com): A publicação líder para pequenas empresas.

✦ Revista *Millionaire Blueprints* (www.millionaireblueprints.com): Milionários que se fizeram por si mesmos mostram como isso é feito.

✦ Unstoppable Enterprises, Inc. (www.unstoppable.net): Empresa que inspira as pessoas a atingirem seus sonhos.

Recursos para empreendedoras

✦ Revista *PINK* (www.pinkmagazine.com): A revista para mulheres empreendedoras.

✦ Women Entrepreneurs, Inc. (www.we-inc.org): Uma fonte de treinamento, rede de contato e defesa das empresárias.

✦ *Mom's Business Magazine* (www.momsbusinessmagazine.com): Um guia para negócios caseiros.

✦ Moms in Business Network (www.mibn.org): Uma rede nacional dedicada a apoiar mães que trabalham e seus negócios.

Recursos para empreendedores sociais

✦ The Institute for Social Entrepreneurs (www.socialnet.org): Oferece seminários, workshops e serviços de consultoria para empreendedores sociais no mundo todo.

✦ Commongood Careers (www.commongoodcareers.org): Uma empresa de busca de empregos sem fins lucrativos dedicada a ajudar os empreendedores sociais mais eficientes a escolher os melhores talentos.

✦ Idealist.org (www.idealist.org): Um diretório mundial de recursos voluntários, sem fins lucrativos.

Recursos para negócios ecológicos

✦ GreenBiz.com (www.greenbiz.com): Notícias de negócios ecológicos e práticas empresariais sustentáveis.

✦ GreenDreams (www.greendreams.com): Um guia para práticas empresariais ecológicas.

✦ Greenopia (www.greenopia.com): Um guia para fazer tudo o que você já faz — só que de maneira mais ecológica.

Mercado das fábricas

✦ Global Manufacturing Marketplace (www.mfgquote.com): Encontre fornecedores e receba cotações on-line.

✦ ThomasNet (www.thomasnet.com): Uma fonte bastante completa para fornecedores.

✦ Alibaba (www.alibaba.com): Um site independente que o ajuda a se conectar com fabricantes internacionais.

Nomes de domínio

✦ GoDaddy.com (www.godaddy.com): O maior registro mundial de nomes de domínio.

✦ Network Solutions (www.networksolutions.com): Nomes de domínio e informações de registro.

✦ Register.com (www.register.com): Site de registros de domínio.

Recursos de embalagem

✦ Package Design Magazine (www.packagedesignmagazine.com): Notícias e informações para designers de embalagem profissionais.

✦ TheDieline.com (www.thedieline.com): O mais importante blog de design de embalagens.

260 A GRANDE IDEIA

Publicidade

+ PRWeb.com (www.prweb.com): Um serviço de redação e distribuição de *releases* na internet.
+ The Publicity Hound (www.thepublicityhound.com): Um site para anunciar seu negócio.
+ Publicity Insider (www.publicityinsider.com): Uma publicação para negócios ávidos por relações públicas.
+ *Brandweek* (www.brandweek.com): A fonte de conselhos e notícias sobre *branding*.

Networking

+ LinkedIn.com (www.linkedin.com): Uma rede online de mais de 20 milhões de profissionais experientes no mundo inteiro, representando mais de 150 setores.
+ Zoom Information Inc. (www.zoominfo.com): Um grande site de busca de negócios com perfis de mais de 35 milhões de pessoas e 3 milhões de empresas.
+ BUZGate — Business Utility Zone Gateway (www.buzgate.org): Um portal de recursos para *start-ups* e pequenos negócios.

Financiamento de empresas

CONSULTORIA FINANCEIRA

+ The Money Coach (www.themoneycoach.com): Um guia passo a passo para fazer sua fortuna crescer.
+ Money and Happiness (www.moneyandhappiness.com): Conselhos de finanças e negócios de Laura Rowley — com a atitude certa.

Contratação de equipe

+ Elance.com (www.elance.com): Programadores, designers gráficos, redatores de mala direta e consultores freelancers se oferecem para trabalhar em seus projetos.

+ Guru.com (www.guru.com): Uma rede global de profissionais freelancers.
+ GetFriday.com (www.getfriday.com): Uma fonte para secretárias virtuais.

Feiras

+ Trade Show Exhibitors Association (www.tsea.org): Oferece uma vasta gama de recursos para feiras e informações para profissionais de vendas, marketing e administração que usam as feiras e os eventos para promover seus produtos e serviços.
+ International Association of Exhibitions and Events (www.iaee.com): Representa os interesses de mais de 3.500 organizadores de feiras e exposições pelo mundo.
+ Corporate Event Marketing Association (www.cemaonline.com): Uma organização sem fins lucrativos dedicada a servir os profissionais de marketing e eventos em todos os setores da indústria da tecnologia, fornecendo oportunidades educacionais e de fazer contatos.
+ Comprehensive Trade Show Vendor Resource (www.trade-show-vendors.com): Guia on-line de feiras oferecendo centenas de recursos de feiras escolhidos a dedo para eventos, reuniões de negócios e conferências bem-sucedidas. O guia inclui fontes para promoção de eventos, atrações em stands, serviços de planejamento de convenções, brindes, design de stands, transporte, hospedagem etc.
+ The Trade Show News Network (www.tsnn.com): Publicações dedicadas a notícias e ideias sobre feiras.
+ *Tradeshow Week* (www.tradeshowweek.com): A revista do setor de feiras de negócios.
+ *The Roadmap to Success: The Ultimate Toolkit for Entrepreneurs and Business Owners:* "A estrada para a CES", quadro do programa *The Big Show*, em CD (peça o seu no site www.cnbc.com).

262 A GRANDE IDEIA

A biblioteca do empreendedor

✦ *Employee to Entrepreneur: The Employee's Guide to Entrepreneurial Success*, de Suzanne Mulvehill.

✦ *The Mom Inventors Handbook: How to Turn Your Great Idea into the Next Big Thing*, de Tamara Monosoff.

✦ *Mommy Millionaire: How I Turned My Kitchen Table Idea in a Million Dollars and How You Can, Too*, de Kim Lavine.

✦ *Earn What You're Worth*, de Nicole Williams.

✦ *Zero to One Million: How I Built a Company to US$1 Million in Sales*, de Ryan Allis.

✦ *A Million Bucks by 30: How to Overcome a Crap Job, Stingy Parents and a Useless Degree to Become a Millionaire Before (or After) Turning Thirty*, de Alan Corey.

✦ *The Toilet Paper Entrepreneur*, de Mike Michalowicz.

✦ *Make More, Worry Less*, de Wes Moss.

✦ *O gênio das negociações*, de Deepak Malhotra e Max H. Bazerman. Rio de Janeiro: Rocco, 2009.

✦ *Bounce!: Failure, Resilience, and Confidence to Achieve Your Next Great Success*, de Barry J. Moltz.

✦ *A idade dos milagres: de Marianne Williamson*. São Paulo: Prumo, 2008.

✦ *Como a Starbucks salvou minha vida*, de Michael Gates Gill. Rio de Janeiro: Sextante, 2008.

✦ *Young Bucks: How to Raise a Future Millionaire*, de Troy Dunn.

✦ *Money and Happiness: A Guide to Living the Good Life*, de Laura Rowley.

✦ *Free Publicity: A TV Reporter Shares the Secrets for Getting Covered on the News*, de Jeff Crilley.

✦ *Under the Radar: Talking to Today's Cynical Consumer*, de Jonathan Bond e Richard Kirshenbaum.

✦ *Prepare to be a Millionaire*, de Tom Spinks, Kimberly Spinks Burleson e Lindsay Spinks Shepherd.

APÊNDICE B   263

+ *CEO por acaso: as melhores lições de quem chegou ao topo,* de David Novak. São Paulo: Saraiva, 2009.
+ *Como mudar o mundo,* de David Bornstein. Rio de Janeiro: Record, 2005.
+ *The Virtual Handshake: Opening Doors and Closing Deals Online,* de David Teten e Scott Allen.
+ *Often Wrong, Never in Doubt: Unleash the Business Rebel Within,* de Donny Deutsch com Peter Knobler.

Apêndice C

A COMUNIDADE *THE BIG IDEA*

The Big Idea é mais do que um programa de televisão e mais do que um livro. É uma comunidade. Veja os links dos empreendedores e especialistas que mencionamos e junte-se à essa comunidade de milionários.

CHAMANDO TODOS OS SONHADORES

    Nathan Sawaya — www.brickartist.com
    Taryn Rose — www.tarynrose.com

NÃO PRECISA TER EXPERIÊNCIA

    Fizzy Lizzy (Lizzy Morrill) — www.fizzylizzy.com
    The Laundress (Lindsey Wieber e Gwen Whiting) —
        www.thelaundress.com
    The Wing Zone (Matt Friedman e Adam Scott) —
        www.wingzone.com
    The Glen Meakem Program — www.glenmeakem.com
    Sopaworks (Amilya Antonetti) — www.amilya.com

266 A GRANDE IDEIA

POR QUE FAZER COM QUE OUTRA PESSOA ENRIQUEÇA?

Butler Bag (Jen Groover) — www.butlerbag.com

The Great American Pretzel Company (John Ruf) —
www.greatamericanpretzel.com

Terra Chips (Dana Sinkler e Alex Dzieduszychi) —
www.terrachips.com

Ramy Cosmetics (Ramy Gafni) — www.ramy.com

É AMOR, E NÃO UM TRABALHO

Jeff Foxworthy — www.jefffoxworthy.com

Pearls Before Swine (Stephan Pastis) — www.comics.com/
comics/pearls

The Mydols (Judy Davids) — www.mydols.com

SalonTea (Tracy Stern) — www.salontea.com

Rick's Picks (Rick Field) — www.rickspicksnyc.com

TEM DE HAVER UM JEITO MELHOR

Spanx (Sara Blakely) — www.spanx.com

QuickSeals (Denise Bein) — www.quickseals.com

Just a Drop (Luc Galbert) — www.justadrop.com

Botões de ouvido iHearSafe (Christine Ingemi) —
www.ihearsafe.com

The French Twister (Lisa Lloyd) — www.lloydmarketinggroup.com

Peanut Shell Baby Sling (Alicia Shaffer) — www.goo-ga.com

SCOTTeVEST (Scott Jordan) — www.scottevest.com

The Bagel Guillotine/Larien Products (Rick Ricard) —
www.larien.com

Starp Tamers (Noel Goldman) — www.straptamers.com

POR QUE EU NÃO PENSEI NISSO?

How's My Nanny? (Jill Starishevsky) — www.howsmynanny.com

QuiqLite (Brian Quittner) — www.quiqlite.com

Cereality (David Roth e Rick Bacher) — www.cereality.com

Vita Coco Coconut Water (Michael Kirban e Ira Liran) — www.vitacoco.com

MadPackers (Brian Altomare) — www.madpackers.com

Monster Cable (Noel Lee) — www.monstercable.com

Flexflops (Stacey Kirsch) — www.flexflop.com

The Original Runner Company — www.originalrunners.com

SingleTease — www.singletease.com

KanDi Swim (Dani Kates) — www.kandiswim.com

SAIA DA CAIXA

Ugly Talent NY (Simon Rogers) — www.uglyny.com

SENDaBALL (Melissa e Michele Sipolt) — www.sendaball.com

Bulldog Gin (Anshuman Vohra e David Kanbar) — www.bulldoggin.com

MUDE O MUNDO COM UMA IDEIA SIMPLES

Life is Good (John e Bert Jacobs) — www.lifeisgood.com

TOMS Shoes (Blake Mycoskie) — www.tomsshoes.com

POR QUE NÃO EU?

Alton Brown, Food Network — www.altonbrown.com

Miley Cyrus, Hannah Montana — www.mileycyrus.com

Gary Coxe — www.garycoxe.com

TriBond (Tim Walsh, Dave Yearick e Ed Muccini) — www.tribond.com

CoolTronics (Tyler Dikman) — www.cooltronics.com

A HORA EM QUE SUA GARRA É TESTADA

Tarte Cosmetics (Maureen Kelly) — www.tartecosmetics.com

Sandra Lee, Food Network — www.semihomemade.com

Martha Stewart — www.marthastewart.com

Donald Trump — www. trump.com

Sean Combs, Diddy — www.diddy.com

268 A GRANDE IDEIA

Damzl (Heather Birdwell) — www.damzl.com
Subway (Fred DeLuca) — www.subway.com

DISSERAM QUE EU NUNCA CONSEGUIRIA

Tom Widgery (Jet Pack International) —
www.jetpackinternational.com
Revista PINK (Cynthia Good) — www.pinkmagazine.com
Tennessee Bun Company (Cordia Harrington) —
www.buncompany.com

SALVO POR UMA GRANDE IDEIA

Rent-A-Husband (Kaile Warren) — www.rentahusband.com
Nadja Foods (Nadja Piatka) — www.nadjafoods.com
Dani Johnson — www.DaniJohnson.com

QUEM DISSE QUE É TARDE DEMAIS?

Joy Behar — www.joybehar.com
Hot Picks (Stephen Key) — www.hotpicksusa.com
Marianne Williamson — www.marianne.com
Jesse Ventura — www.jesseventura.com

DO ZERO AOS MILHÕES

Paula Deen — www.pauladeen.com
Sinus Buster (Wayne Perry) — www.sinusbuster.com
Bear Naked Granola (Kelly Flatley e Brendan Synnott) —
www.bearnakedgranola.com
Leslie Mayer — www.parentenergy.com
Cameron Johnson — www.cameronjohnson.com
OneCoach (John Assaraf) — www.johnassaraf.com
Laura Rowley — www.laurarowley.com
Unstoppable Entrprises, Inc. (Cynthia Kersey) —
www.unstoppable.net

APÊNDICE C **269**

ABASTECIDO PELO PODER DA MAMÃE

Mim Inventors, Inc. (Tamara Monosoff) — www.mominventors.com

FlipFOLD (Debbee Barker) — www.flipfold.com

Pump It Up (Brenda Dronkers) — www.pumpitupparty.com

Boogie Wipes (Mindee Doney e Julie Pickens) —
www.boogiewipes.com

Just Between Friends (Daven Tackett e Shannon Wilburn) —
jbfsale.com

Wuvit (Kim Lavine) — www.greendaisy.com

TUDO EM FAMÍLIA

Omaha Steaks (Todd Simon) — www.omahasteaks.com

Enterprise Rent-A-Car (Andy Taylor) — www.enterprise.com

Samuel Adamas (Jim Koch) — www.samueladams.com

June Jacobs Spa Collection (June e Rochelle Jacobs) —
www.junejacobs.com

Amy's Kitchen (Rachel e Andy Berliner) — www.amyskitchen.com

DO POVO PARA O POVO

Michele's Syrup (Michele Hoskins) — www.michelefoods.com

Desiree Gruber — www.fullpicture.com

Purdy Girl (Corinne e Nadine Purdy) — www.purdygirlnyc.com

Taser International (Tom e Rick Smith) — www.taser.com

Kirshenbaum Bond & Partners (Richard Kirshenbaum) —
www.kb.com

DÓLARES E BOM-SENSO

Obsidian Launch (Michael Michalowicz) —
www.obsidianlaunch.com

JFL Innovative Investments (Jerry Lynch) —
www.jflconsultinginc.com)

Alan Corey — www.alancorey.com

270 A GRANDE IDEIA

O DISCURSO PERFEITO

Blendtec (Tom Dickson) — www.blendtec.com
Ty Pennington — www.typenningtonstyle.com
Starbucks (Howard Schultz) — www.starbucks.com
Pacimals (Monica Williams) — www.pacimals.com
Zip-a-Ruffle (Kim Babjak) — www.kimcoaz.com

FAÇA UMA FEIRA SER MÁGICA

Lightglove (Bruce e M.G. Howard) — www.lightglove.com
Bug Labs (Pete Semmelhack) — www.buglabs.net
MoGo (Matt Westover) — www.newtonperipherals.com
H2O Audio (Kristian Rauhala) — www.h2oaudio.com
Sima Products (Ilana Diamond) — www.simaproducts.com

O MILIONÁRIO FAMINTO

Container Store (Kip Tindell e Garrett Boone) — www.
containerstore.com
Yum! Brands (David Novak) — www.yum.com
Blume Girl Underwear (Stacey Blume) — www.blumegirl.com
Smallbiztechnology.com (Ramon Ray) — www.
smallbiztechnology.com
The Wine Library (Gary Vaynerchuck) — www.winelibrary.com

Apêndice D

MAIS DICAS PARA *A GRANDE IDEIA*

ENDEREÇOS ELETRÔNICOS PARA OBTER INFORMAÇÕES NO BRASIL.

Câmara de Comércio e Indústria Brasil-Alemanha
www.ahkbrasil.com

Endeavor Brasil – Empreendedorismo de alto impacto
www.endeavor.org.br

Empréstimo consignado
www.emprestimoconsignado.com.br

Estratégias de preços
www.fae.edu/publicacoes/pdf/mkt/4.pdf

Feira do empreendedor
www.circuitofeiradoempreendedor.blogspot.com

FEBRAMEC — Feira Brasileira da Mecânica e Automação Industrial
www.febramec.com.br

FGV CENN — Centro de Empreendedorismo e Novos Negócios da Fundação Getúlio Vargas
www.cenn.fgv.br

272 A GRANDE IDEIA

Geranegocio
www.geranegocio.com.br

Guia da embalagem
www.guiadaembalagem.com.br

IBEF — Instituto Brasileiro de Executivos de Finanças de São Paulo
www.ibef.com.br

Mães empreendedoras
http://maesempreendedoras.blogspot.com

Microcrédito
www.microcredito.com.pt

Portal do empreendedor
www.portaldoempreendedor.gov.br

SEBRAE
www.sebrae.com.br

Responsabilidade social
www.responsabilidadesocial.com

Revista Embalagem e Tecnologia
www.embalagemetecnologia.com.br

Revista Negócios e Empreendimento
www.negociosempreendimentos.com.br

SINDIPROM — Sindicato de Empresas de Promoção, Organização e Montagem de Feiras, Congressos e Eventos
www.sindiprom.org.br

Sociedade Brasileira de Coaching
www.sbcoaching.com.br

UOL host — Hospedagem de sites com domínio grátis
www.uolhost.com.br

Venture Capital
www.venturecapital.gov.br

Índice Remissivo

Abernathy, Jim, 202
ação, 31-32
Adams, Scott, 62
água de coco, 91-92
Altomare, Brian, 92
aluguel de carros, 187-88
American Apparel, 242, 244
amor
    aplicando os princípios de negócios
      ao, 120-21
    paixão pelo que se faz, 18-19, 24-28,
      48, 59-67, 75, 112, 125, 154, 200,
      211
Amy's Kitchen, 17, 191-92
anjos, investidores, 215-16
Antonetti, Amilya, 42-44, 223
Applebaum, Meredith, 48-49
aprendizado, 45-46
apresentações, 217-28, 232
    frio na barriga e, 137
Assaraf, John, 173
Associação de Anunciantes dos
  Estados Unidos, 101
autossabotagem, 124

Babjak, Kim, 227
Bacher, Rick, 90
Bagel Guillotine, 17, 86
The Bag Lady, 166
Banks, Gloria Mayfield, 175
Baker, Debbee, 179-80
Bear Naked Granola, 168-69
Behar, Joy, 153
Bein, Denise, 76, 85
Berliner, Amy, 191-93
Berliner, Andy, 191-92
Berliner, Rachel, 191-92
Birdwell, Heather, 133-35
Birdwell, Holly, 134
Blakely, Sara, 73-74, 85
BlendTec, 218
blogs, 205, 233
Bloomberg, Mike, 52, 117
Blume, Stacey, 242-44
Blume Girl Underwear, 242-44
Boogie Wipes, 17, 180
Boone, Garrett, 239
Bos, Genevieve, 141, 204
branding de si mesmo, 219-20

274 A GRANDE IDEIA

brinquedos, 122-24
Brown, Alton, 118
Buffett, Warren, 170
Bug Labs, 232-33
Bulldog Gin, 105
Butler, Dave, 139
Butler Bag, 49

camisinhas, 228
capital, *ver* financiamento
capital social, 207
Cereality, 90
Cheers and Tears, 172
cerveja, 188-90
Chun, Rene, 201
CNBC, 14
coitadinho, 38-39
Como a Starbucks Salvou a Minha Vida
  (Gill), 155
Coronel Sanders, 160
Combs, Sean, 131-32
concorrência, 237-38
Conroy, Bob, 217-18
consciência, 30-31
consciência ambiental, 114
Consumer Electronics Show (CES), 94,
  230-34
Container Store, 239
CoolTronics, 125
coragem diariamente, ter, 137
Corey, Alan, 216
Cover, John, 203
Coxe, Gary, 120
crescimento, 242-44
Curry, Ann, 120
Cyrus, Miley, 119

Dahl, Gary, 218
Damzl, 134-35

David Deutsch e Associados, 20, 23,
  42, 101, 103, 154, 186-87, 194, 206,
  220, 240
Davids, Judy, 63-64
Davis, Clive, 133
Deen, Bobby, 166-67
Deen, Jamie, 166-67
Deen, Paula , 165-67
defesa de bar, 221
deficiência física, 126
Dell, Michael, 125
Della Femina, Jerry, 206-7
demissão, ser despedido, 53
DeLuca, Fred, 136-37, 199
Denny's, 198
desenhistas de histórias em
  quadrinhos, 61-63
destemor, 136
Deutsch, David, 19-24, 185-86, 194
Diamond, Ilana, 238
Dickson, Tom, 218-19
Dikman, Tyler, 125-26
Dilbert, 62
dinheiro, *ver* financiamentos
Doney, Mindee, 180
Dronkers, Brenda, 180
Duell, Charles H., 102-3
Dzieduszycki, Alex, 55

economia, 175
Edge Consulting, 44
elevador, apresentação no, 224-25
embalagem, 95, 96-97, 99
empreendedor, qualidades necessárias
  num, 50-51
empreendedor, três situações para se
  virar um, 52-56
empreendedores sociais, 112-14
empresas familiares, 185-95

ÍNDICE REMISSIVO   **275**

empréstimos, 40, 214
empréstimos familiares, 40, 214
Enterprise Rent-A-Car, 187-88
equipes, 46
estilo de vida, 90-91, 92
experiência, 35-46

Faça Cócegas no Elmo, 97
fazendo contatos, 204-5, 229
Federal Express, 31
feiras, 229-38
festa, dar uma, 205-7
Field, Rick, 66
financiamentos (*funding*), 40, 165-69,
    207, 211-16
    empréstimos, 40, 214
    fontes de, 213-16
Fizzy Lizzy, 37-38
Flatley, Kelly, 168-69
Flexflops, 96
FlipFOLD, 179
foco, 99
Fogle, Jared, 199-200
Foxworthy, Jeff, 59-60
fracasso, 74, 136, 147
FreeMarkets, 41
French Twister, 81-82
Friedman, Matt, 40
*From Those Wonderful Folks Who
    Gave You Pearl Harbor* (Della
    Femina), 206
futuro, visão do, 93-94

Gafni, Ramy, 55-56
Galbert, Luc, 77
garra, hora em que ela é testada,
    127-37
Gates, Bill, 122, 125
Gear Management Solution, 83

gênio, 122, 200, 241
Gill, Brendan, 155
Gill, Michael Gates, 155-56
Good, Cynthia, 140-43, 204
Google, 95
The Great American Pretzel Company,
    54
Groover, Jen, 49-50
Gruber, Desiree, 200
Gruss, Shoshanna Lonstein, 106-7

Hait, Nicole, 235
Harrell, Andre, 132
Harrington, Cordia, 142-43
Hewatt, John, 139
Hewlett-Packard, 125, 175
Hirschhorn, Doug, 44
Hoffman, Mark, 14, 27
Hoskins, Michele, 197-98
Hot Picks, 157
Howard, Bruce, 232
HowsMyNanny, 88
H2O Audio, 234

Idade dos milagres, A (Williamson),
    158
iHearSafe, 78-79
Ikea, 24, 39
individualismo, 106-7
infância, 65, 66
Ingemi, Christine, 78-79
inovadores, qualidades dos, 102-8
INPEX, 108
instintos, confiar nos, 28-30
Interpublic, 26
inventores, recursos para, 108

Jacobs, Bert, 109-12
Jacobs, John, 109-12

276 A GRANDE IDEIA

Jacobs, June, 190-91, 194
Jacobs, Rochelle, 190-91, 194
Jen Groover Productions, 50, 57
Jet Pack International, 139-40
Jobs, Steve, 125
Johnson, Cameron, 172-73
Johnson, Dani, 149-51
Jordan, Scott, 83-84
June Jacobs Spa Collection, 190-91
Just a Drop, 77, 86
Just Between Friends, 182
J. Walter Thompson, 155, 206

Kanbar, David, 105
KanDi Swim, 98
Kelly, Mark, 128
Kelly, Maureen, 128
Kenneth Cole, 206
Kersey, Cynthia, 175
Key, Stephen, 156-57
Kirban, Michael, 91
Kirshenbaum, Richard, 205-7
Kirshenbaum Bond & Partners, 206
Koch, Jim, 188-90, 215

The Lady and Sons, 166
Lauer, Matt, 52
The Laundress, 39
Lavine, Kim, 182-83
Lee, Noel, 93-95
Lee, Sandra, 129-30
Lego, 25-26
Leonard, Stew, 169
Leonard, Stew, Jr., 169
Lewis, Paul, 213, 215, 224-26, 232
Life is Good, 109-11
Lightglove, 232
Liran, Ira, 91
Lloyd, Lisa, 81-82

Lucky Napkin, 44
Lynch, Jerry, 213

McDonald's, 142-43, 149
Mackey, John, 31
MadPackers, 93
mães, 177-84
marcas, 202-4
marcas que identificam uma categoria
   de produto, 202-4
Mary Kay, 175
Mayer, Leslie, 170
Meakem, Glen, 41
medo, 32
meia-idade, 154-61
mentores, 62
mercado universitário, 90, 92-93
mercados, 95, 98
   nichos de, 71, 92, 181, 233
merecimento, 117, 119-21, 122, 124
mídia, 199-202
Michalowicz, Michael, 44, 213, 215,
   235-37
Michele's Syrup, 199
Microsoft, 175
Million Bucks by 30, A (Corey), 216
missão, declaração de, 100
MoGo, 233-34
Mom Inventors, Inc., 178, 180
Mommy Milionaire (Lavine), 183
*Money and Happiness: a Guide to
   Living the Good Life* (Rowley), 174
Monosoff, Tamara, 178, 180
Monster Cable, 93-94, 95
Morrill, Lizzy, 37-38
motivação, 31
Muccini, Ed, 123
Mycoskie, Blake, 113
Mydols, 63-64

ÍNDICE REMISSIVO   277

Nadja Foods, 149
namoro, 120-21
negatividade, 32
New York Times, 201-2
New York Yankees, 193
nome do produto, 95-96
nomes de domínio, 96, 99
nomes de marcas, 202-4
Notorious B.I.G, 133
Novak, David, 240-41

Obsidian Launch, 44, 213, 215, 235
Often Wrong, Never in Doubt
   (Deutsch), 205
Ogilvy & Mather, 20, 21-22, 25
Omaha Steaks, 186-87
OneCoach, 57
11 de setembro, 111, 128, 232
The Original Runner Company, 96

Pacimals, 224
paixão, 18-19, 24-28, 48, 59-67, 75,
   112, 125, 154, 200, 211
parcerias, 38, 174-75
Pastis, Stephan, 61-62
patentes, 80, 108, 183
Peanut Shell Baby Sling, 83, 85
Pennington, Ty, 220
pensamento positivo, 120
Pearls Before Swine, 61, 62
Perry, Wayne, 168
pesquisa, 183, 184
pessoas, 197-207
Pet Rock, 218
Piatka, Nadja, 148-49
Pickens, Julie, 180
PINK, 56, 140-42, 143, 204
plano de negócios, 54, 173, 183
Pontiac Dealers Association, 217-18

potencial para ser um milionário, teste,
   143-44
preço, dando o (*pricing*), 95, 97-98, 99
preço de prateleira, 85
pretzels, 53, 92
problemas, resolvendo, 178, 184
produto que leva a outros, 98
propaganda, 200
publicidade, 199-202
Pump It Up, 180
Purdy, Corinne, 201-2
Purdy, Nadine, 201-2
Purdy Girl, 201

Quick Seals, 17, 85
QuiqLite, 89-90
Quittner, Brian, 89-90
QVC, 54, 108, 226-28

Ramy Cosmetics, 56
Rauhala, Kristian, 234
Ray, Ramon, 44, 244-45
Reinertsen, Sarah, 126
rejeição, 144-45
releases para a imprensa, 183
Rent-A-Husband, 147-48
Rick's Picks, 66
Rogers, Simon, 104
Rose, Taryn, 29-30
Roth, David, 90
Rowley, Laura, 174, 214, 215
Ruf, John, 53-54

sacrifícios, 212
SalonTea, 65
Samuel Adams, 189, 215
Sanders, Deion, 219
Sawaya, Nathan, 25-26
Schultz, Howard, 31, 221

278 A GRANDE IDEIA

Schulz, Charles, 61
Scott, Adam, 40
Scott, Eric, 140
SCOTTEVEST, 84
Semi-Homemade Cooking, 129
Semmelhack, Peter, 232-33
SENDaBALL, 104
Shaffer, Alicia, 82-83, 85
Shoshanna Collection, 107
Sima Products, 238
Simon, Todd, 186-87
SingleTease, 97
Sinkler, Dana, 55
Sinus Buster, 168
Sipolt, Melissa, 104
Sipolt, Michele, 104
site, 183, 245
    nome de domínio, 96, 99
Sloan, Jeff, 74-75
Sloan, Rich, 74-75
Smallbiztechnology, 44
Smith, Fred, 31
Smith, Rick, 203
Smith, Tom, 203
Soapworks, 42-43
Spanx, 17, 73, 74, 85
Spinformation, 156
Starbucks, 31, 90, 155, 221
Starishevsky, Jill, 88
StartupNation, 56
Steinbrenner, George, 193
Stern, Tracy, 64-65
Stewart, Martha, 130
Strap Tamers, 17, 86
Subway, 136-37, 149, 199-200
sucesso, 154
    é democrático, 122-24
    teste de autossabotagem e, 124
Swindal, Steve, 193

Synnott, Brendan, 169

Tackett, Daven, 181-82
Tarte Cosmetics, 128
Taser, 203-4
Taylor, Andy, 187-88
Taylor, Jack, 187-88
tecnologia, 79, 125, 174, 231, 244-45
Tennessee Bun Company, 142-43
Terra Chips, 54-55
Tindell, Kip, 239
TOMS Shoes, 113-14
TP Saver, 178
TriBond, 123
Trump, Donald, 27, 131, 170-72, 194
Trump, Donald, Jr., 171
Trump, Eric, 171
Trump, Ivanka, 171

Ugly Talent NY, 103
Unstoppable Enterprises, Inc., 175

vantagem competitiva, 240-41
Vaynerchuk, Gary, 246-47
vendas por telefone, 146
Ventura, Jesse, 159
veteranos, 41
veteranos militares, 41
View, The, 153
Vita Coco, 91-92
Vohra, Anshuman, 105
voz interior, escutando a, 28-30

Wall Street, 127
Walsh, Tim, 122-23, 124
Warren, Kaile, 147-48
Westover, Matt, 233
Whiting, Gwen, 39
Whole Foods, 31

ÍNDICE REMISSIVO 279

Widgery, Troy, 139-40
Wieber, Lindsay, 39
Wilburn, Shannon, 181-82
Williams, Monica, 224-25
Williamson, Marianne, 158
The Wine Library, 246
The Wing Zone, 40
Wozniak, Steve, 84, 125

Wuvit, 182

Yearick, Dave, 123
You Call the Shots (Johnson), 172
Yum!, 240

Zip-a-Ruffle, 227

Este livro foi composto na tipologia Minion Pro,
em corpo 12/16,6, impresso em papel off-white 80g/m²,
no Sistema Cameron da Divisão Gráfica
da Distribuidora Record.